魅せる!
ふるさと納税

返礼品でPRせよ

ふるさと納税
返礼品アドバイザー
川口篤史

みらい PUBLISHING

はじめに

株式会社未来を創る代表の川口篤史《かわぐちあつし》と申します。栃木県矢板市《やいたし》で建設業を中心に様々な事業を行っています。

当社は2017年から鉄筋コンクリート製「防災シェルター」の開発を開始し、2020年にふるさと納税の返礼品に採用されました。

この返礼品を受け取るには1億円の寄附が必要になりますが、2021年12月に1億円の寄附が矢板市に寄せられ、成約になりました。現在、実際に制約に至った全国の最高額の返礼品としてこの記録は破られていません。

栃木県矢板市では、成約になったことで、記者会見が開かれました。全国紙をはじめとする新聞社、テレビ、ラジオといった報道陣に囲まれ、翌日には大きく取り上げられました。

そのおかげで、私が幼少のころから過ごしていた地元に恩返しすることができましたし、当社だけでなく、私のことまでみなさんに知っていただくことができました。

長い道のりで、葛藤もありましたが、この記者会見の日は私にとって一生忘れられない日になりました。ふるさと納税の返礼品事業者になったことが、私の人生まで変えてしまったといっても過言ではありません。

今、知らない人はいないと言っていいほど、日本全国に浸透している「ふるさと納税」です。ふるさと納税の返礼品事業者に採用されれば、メリットしかありません。返礼品の認知度が高まり、それが売れることで、地元の税収が潤います。

地元の税収が潤えば、地元地域が繁栄し、豊かになっていきます。

例えば、地元で自社コンテンツを売りたいと考えた時。知名度がほとんどない事業者が商品を売っても、信用がありません。それが、ふるさと納税の返礼品に採用されることで、お金をかけずに売ることができるうえ、信用を得ることができるのです。

また、売り上げに苦慮している企業が自社商品を売ろうとしたとします。ふるさと納税の返礼品に採用されて、自治体を活用してPRすれば、眠っている商品さえもうまく掘り起こされるチャンスになるでしょう。

一方、うまくいっている企業の場合は、新しい商品を発掘して、この商品をどういう風に売っていこうかという方向性を探るテストマーケティングとして活用することも可能です。

この日本には、昔から職人さんが守ってきた伝統があります。しかしそれらは、あまり広く知られていないのが現実です。伝統工芸は、後継者がいないせいで、このままだとなくなってしまうかもしれないという問題も抱えています。

こういった日本の伝統とふるさと納税をうまく組み合わせれば、伝統を存続させることだってできるはずです。

私は、自身の体験を契機に、ふるさと納税についてあらゆる方向から研究し、考えてきました。また、たくさんの方とお会いし、話を聞いてきました。

その成果を踏まえ、現在は地方事業者に向けた事業の活性化や、自治体の知名度向上のための講演会、また、学生に向けた起業家精神の育成などの活動を行っています。

ふるさと納税には、メリットしかありません。

ふるさと納税は、寄附者も事業者も自治体も、すべてにとっていい「三方良し」の仕組みです。

事業者の皆さんは、オリジナルコンテンツを生み出す、または既存のコンテンツをブラッシュアップして返礼品の事業者になり、知名度を上げ、御社の事業を拡大させてください。どうですか？　明るい未来が見えてきそうでワクワクしますよね。

自治体の皆さんは、ふるさと納税で街を活性化させませんか？

この本があなたのふるさとを豊かにし、また事業を拡大させるきっかけになれば、うれしく思います。

ふるさと納税返礼品アドバイザー
株式会社未来を創る　代表取締役　川口篤史

目次

1章

ふるさと納税は、寄附者・事業者・自治体「三方よし」の制度

2章

ふるさと納税最高額1億円を達成したスキーム

3章 強いコンテンツは「魅せポイント」をもっている

4章

ふるさと納税の採用で得られるメリットとは

5章 どうしたら返礼品協力事業者になれる？

6章 自治体は、ふるさと納税に大きな期待をしている

ふるさと納税は、寄附者・事業者・自治体「三方よし」の制度

1章

年々知名度が上がっている「ふるさと納税」。しかし、ふるさと納税の仕組みや内容について詳しく知っている方はそれほど多くはないでしょう。

この章では、ふるさと納税の概要と、ふるさと納税は寄附者、事業者、自治体の三者にとって、いかにメリットが大きいかということをお伝えします。

ふるさと納税の概要

多くの人が地方のふるさとで育ちますが、進学や就職をきっかけに生活の場を都会に移し、そこで納税を行います。そうすると、都会の自治体は税収を得ますが、生まれ育ったふるさとの自治体には税収がありません。

つまり、東京で就職した地方出身者の場合、生まれ故郷に恩返しする手段は限られていました。しかし、このふるさと納税の仕組みを用いれば、東京にいながらにして故郷に恩返しをすることができます。

また、生まれ故郷に限らず、ご縁があってお世話になった他の自治体、旅行中に気に入った自治体、あるいは被災の支援など、様々な形で貢献することができます。

ふるさと納税は、都道府県、市区町村への「寄附」です。

自治体としては、寄附額から手数料や返礼品の価格を除いた約50%が、収入となります。

一般的に自治体などに寄附をした場合には、確定申告を行うことで、その寄附金額の一部が所得税及び住民税から控除されます。

ふるさと納税においては、原則として自己負担額の2千円を除いた全額が、控除の対象となります。ふるさと納税とは、自分の選んだ自治体に寄附を行った場合に、寄附額のうち2千円を越える部分について、所得税と住民税から原則として全額が控除される制度なのです（一定の上限はあります）。
例えば、東京に住む人が、自分の生まれたふるさとである地方の自治体に1万円の寄附をしたとすると、2千円を超える部分である8千円が、所得税と住民税から控除されます。

ふるさと納税の理念と意義とは

ふるさと納税の理念と意義について、総務省では以下のように謳われています。
（以下、総務省　ふるさと納税ポータルサイト「ふるさと納税の理念」より抜粋。）

ふるさと納税で日本を元気に！

地方で生まれ育ち都会に出てきた方には、誰でもふるさとへ恩返ししたい想いが

あるのではないでしょうか。

育ててくれた、支えてくれた、一人前にしてくれた、ふるさとへ。

都会で暮らすようになり、仕事に就き、納税し始めると、住んでいる自治体に納税することになります。

税制を通じてふるさとへ貢献する仕組みができないか。

そのような想いのもと、「ふるさと納税」は導入されました。


ふるさと納税には三つの大きな意義があります。

・第一に、納税者が寄附先を選択する制度であり、選択するからこそ、その使われ方を考えるきっかけとなる制度であること。
それは、税に対する意識が高まり、納税の大切さを自分ごととしてとらえる貴重な機会になります。
・第二に、生まれ故郷はもちろん、お世話になった地域に、これから応援したい

地域へも力になれる制度であること。それは、人を育て、自然を守る、地方の環境を育む支援になります。

・第三に、自治体が国民に取組をアピールすることでふるさと納税を呼びかけ、自治体間の競争が進むこと。それは、選んでもらうに相応しい、地域のあり方をあらためて考えるきっかけへとつながります。

このような理念のもと、ふるさと納税制度が設立されて、約15年が経過しようとしています。その間に、認知度や期待度が高まる一方、反省点なども出てきて、制度は何度か改定されてきました。

次は、ふるさと納税の歴史について触れていきます。

ふるさと納税変遷の歴史

・ふるさと納税の議論　2006年〜

ふるさと納税は、福井県の西川一誠元知事が発案した制度だと言われています。教育や子育てなどの行政サービスを提供するのは地方なのに、就職し、社会人となって税金を納める先は都市部になってしまうことを懸念し、新たな発想として、「故郷寄附金控除」の導入を提言しました。

ふるさと納税は、人々のライフサイクルによって生まれる財源の偏在を是正することを目的としてできたもので、大都市圏へ流れた大人が、故郷に恩返しをするような制度だったと言えます。

・ふるさと納税開始　2008年〜

総務省で「ふるさと納税研究会」が設立され、その後、何度も議論や検討を経て、2008年5月にふるさと納税制度が開始されました。

しかし、急速に世間に広まったわけではなく、ふるさと納税が注目され、利用者が増え始めたのは2011年3月の東日本大震災以降です。とくに東北地方のふるさと納税の寄附金額は急上昇しました。

これまで大きな自然災害などの地域への支援は、ボランティアや募金が主流でしたが、新しい震災支援として「支援しながらもメリットがある」ふるさと納税が注目されるようになりました。

・給与所得者の確定申告の義務がなくなる　2015年〜

これまで、年末調整で済んでいた給与所得者も、ふるさと納税の控除のためには確定申告をしなければなりませんでした。確定申告時の控除申請の手続きの煩わしさが、ふるさと納税をする際の障害になっている人も少なくありませんでした。

しかし、2015年に「ワンストップ特例制度」が導入されたことにより、税務署での申請手続きが省略できるようになりました。確定申告の必要がなくなるため、より手軽にふるさと納税が始められるようになりました。

※ワンストップ特例制度とは
給与所得者等がふるさと納税を行う場合、確定申告を行わなくてもふるさと納税の寄附金控除を受けられる仕組みを「ふるさと納税ワンストップ特例制度」と言います。特例制度を利用するには、納税先の自治体数が5団体以内で、ふるさと納税を行う際に各ふるさと納税先の自治体に特例の適用に関する申請書を提出する必要があります。

・返礼品の内容に規制が設けられる　2017年～

ふるさと納税が始まったころは、自治体の感謝の気持ちとして、納税者に手紙や、特産品を送ることが主流でした。しかし、ふるさと納税が広まるにつれ、魅力的な返礼品目当てでふるさと納税をする人が増えてきました。

その一方、寄附金獲得のために還元率の高さや換金目的を重視する自治体も徐々に増えていきました。

2017年4月、総務省が全国の自治体に対して、返礼品の還元率を3割以下にするよう通知しました。また、プリペイドカードや商品券・電子マネーなどの金券類、貴金属や家電製品など資産性の高いものはやめる、「返礼品の価格」や「返礼品の価格の割合」（寄附額の何%相当など）の表示など、返礼品の送付が対価の提供との誤解を招きかねないような表示により寄附を募集する行為を行わないようにすることなどが求められました（「ふるさと納税に係る返礼品の送付等について」（平成29年4月1日付け総税市第28号）。

それでも一部の自治体は、金券類や寄附金の3割を超える返礼品を続行しました。

・総務省の税制が改革される　2019年〜

総務省は2019年に税制を改め、返礼品の規制を強化しました。改正では「寄附金は適正に募集すること。返礼品の調達額は寄附額の3割以下、地場産品に限る」と定められました。

(1) 寄附金の募集を適正に実施すること。

(2) 都道府県等が個別の寄附金の受領に伴い提供する返礼品等の調達に要する費用の額が、いずれも当該寄附金の額の百分の三十に相当する金額以下であること。

(3) 都道府県等が提供する返礼品等が当該都道府県等の区域内において生産された物品又は提供される役務その他これらに類するものであること。（総務省：「地方税法の一部を改正する法律」平成31年6月1日施行）

そして、総務大臣の指定を受けた自治体のみが税金控除の対象となりました。

・返礼品の内容、経費の見直しがされる　2023年～

2023年10月にさらに返礼品のルールが厳格化されました。今回の改正点はふたつになります。

これまでは返礼品の調達費用は寄附額の3割以下、送料や事務費などを含む経費の総額を5割以下とするルールでしたが、今回の改正で寄附金の受領証の発行費用なども経費に含まれるようになりました。よって、「寄附金に係る受領証の発行事務に要する費用、ワンストップ特例に係る申請書の受付事務に要する費用、ふるさと納税に関する業務に係る職員の人件費（ふるさと納税以外の業務も兼任している職員に係るものを含む）、ふるさと納税に係る寄附の募集や返礼品等に係る情報を掲載するポータルサイトの運営事業者に対して支払う費用、ふるさと納税に関する様々な事務を委託するために事業者に対して支払う費用」などといった、ふるさと納税の募集を行ったことや寄附金を受領したことによって発生したと考えられる費用は、すべて含まれます。

もうひとつの変更点は、地場産品基準の厳格化です。例えば、熟成肉の場合、他の都道府県や海外で生産された肉を購入して、地元で熟成させたものでも地場産品として返礼品にできましたが、10月以降「熟成肉」と「精米」の原材料についても、自治体と同じ都道府県で生産されたものだけに限られるようになりました。

次は、ふるさと納税の仕組みについて、チャートで紹介します。チャートを見ると、寄附者、事業者、自治体それぞれの役割を理解することができます。

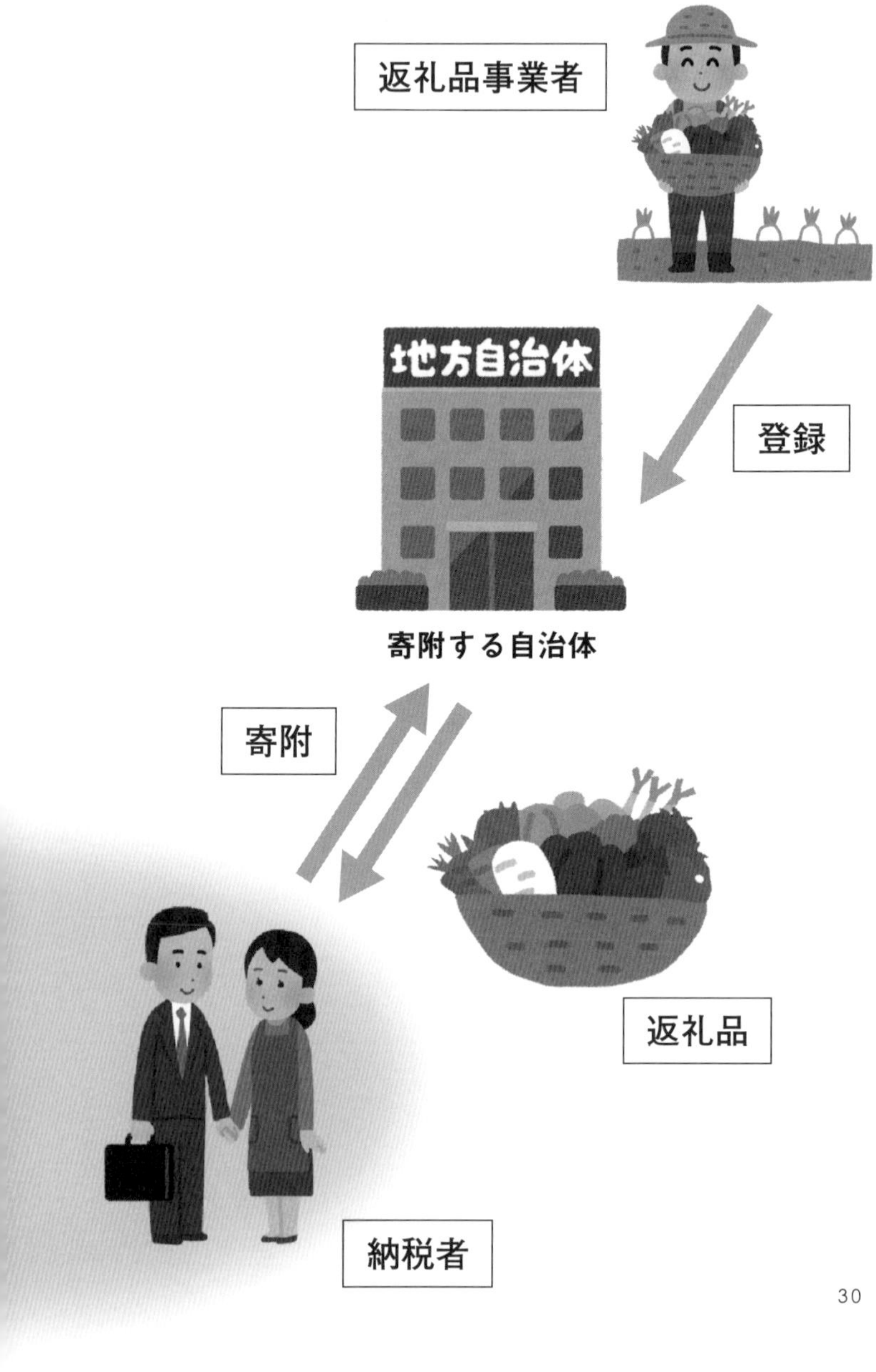
返礼品事業者
地方自治体
登録
寄附する自治体
寄附
返礼品
納税者

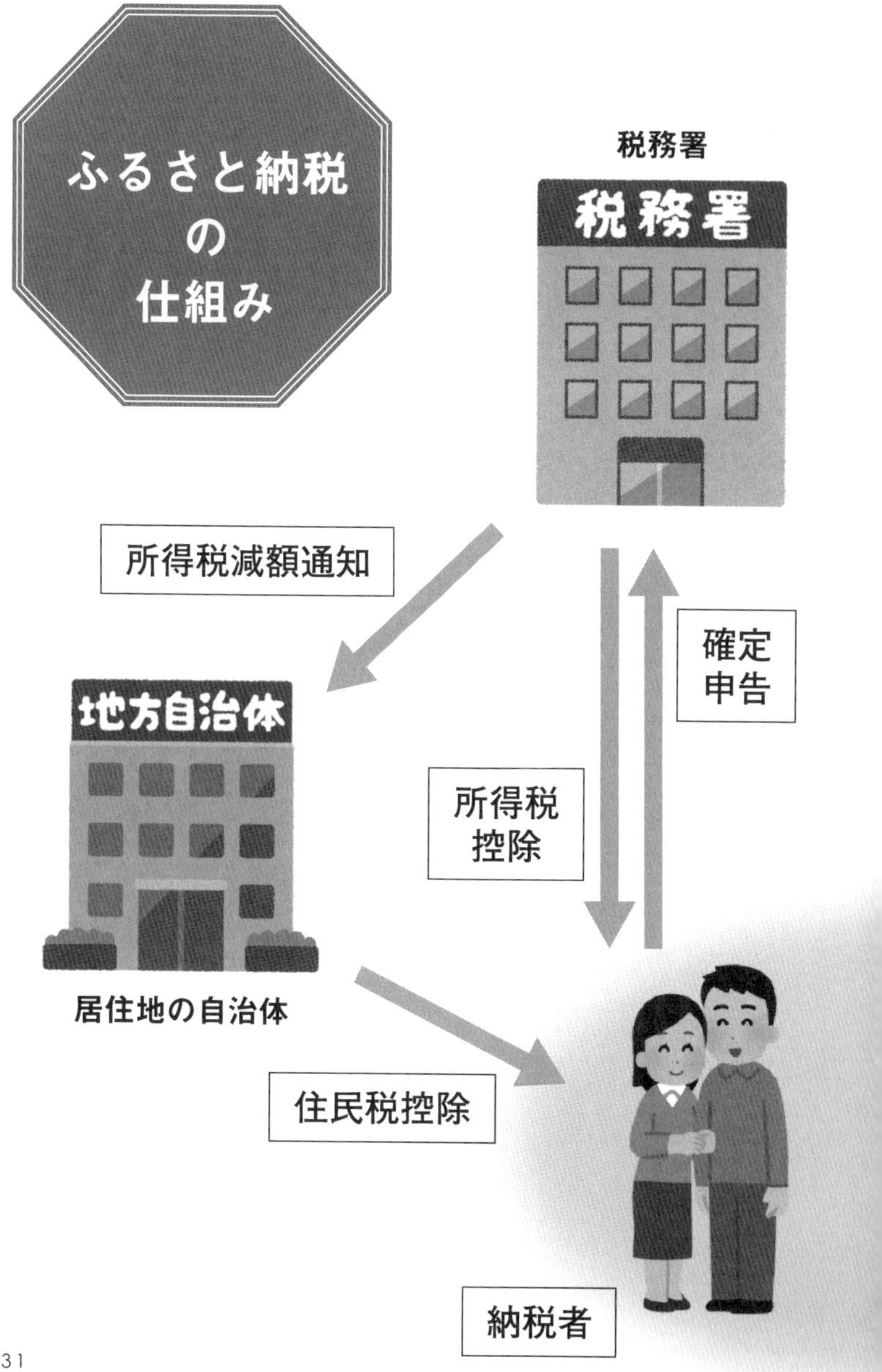
ふるさと納税
の
仕組み
税務署
税務署
所得税減額通知
確定
申告
地方自治体
所得税
控除
居住地の自治体
住民税控除
納税者

ふるさと納税制度が生み出す好循環

ふるさと納税は、寄附者（納税者）、事業者、自治体、三者すべてにメリットがある仕組みです。私はこの仕組みこそが、好循環を生み出していると考えています。どんな風に好循環を生み出しているのでしょうか。ここではふるさと納税制度によって生み出される好循環について説明します。

・自治体の財源が安定、好環境が生まれる

ふるさと納税によって、多くの寄附者が納税すると、ふるさとの税収が増え、ふるさとの財源は安定していきます。

財源が安定すると、地域の支援や、子育て支援、高齢者支援だけでなく、今までの税収では到底できなかった事業を行うことができるため、ふるさとの環境が整えられ、住みやすい街が構築されていきます。

自治体の様々な支援について

支援	詳細
子ども・子育て	子どもたちに対しての支援。保育サービスや子育て支援体制の拡充、福祉施設改修、図書購入等。
教育・人づくり	教育を通して、健全な人格育成を図る支援。海外留学の支援等。
地域・産業振興	地域の特性を活かした産業の拡大、産業振興を図るための支援。特産品の開発や品質向上のための支援等。
まちづくり・市民活動	市民の方々の協力による道路や公園の花壇の造成、緑化団体や花や緑のイベント開催の支援等。
環境・衛生	環境保全ときれいな環境づくりのための支援。森林整備、河川保護、野生動物対策、再生可能エネルギーにかかる事業等。
健康・医療・福祉	医療体制の維持、充実のための支援。開業医の誘致、在宅福祉等の普及事業、福祉施設の建設や改修費用等。
観光・交流・定住促進	観光施設でのイベントの開催、移住、定住者への家賃補助等。
スポーツ・文化振興	スポーツ振興事業の開催、助成スポーツ選手の大会出場費の補助。文化施設の整備（図書館・科学館等）
安心・安全・防災	安心して安全に暮らすための支援。防犯防止の推進など。雨水対策、防犯灯整備等。
災害支援・復興	災害復興に関する支援等。道路や橋脚などのインフラ復旧事業、災害を繰り返さないための山林整備事業等。

・事業者の知名度が格段にアップ

事業者がコンテンツを生み出し、ふるさと納税の返礼品に採用されると、コンテンツが自治体のホームページやふるさと納税ポータルサイトに掲載されるため、全国の人に知ってもらうことができます。

また、コンテンツの人気が出ると、コンテンツだけでなく、ふるさとの名前も知ってもらうことができます。それによって、ふるさとが盛り上がり、ふるさとのPRにもつながります。

・事業者の利益が出ることにより、さらなる好循環が生まれる

返礼品協力者になった事業者は、コンテンツが売れていくと、当然利益が出て、事業も次第に大きくなっていきます。

そうすると、税金をより多く納めることができ、それがふるさとを守ることにつながります。

・寄附者は寄附（納税）したいふるさとに納税できる

寄附者は、生まれたふるさとに限らず、お世話になった他の自治体、旅行中に気に入った自治体、あるいは被災した自治体など、寄附をする自治体を選ぶことができ、さらに寄附をした自治体から返礼品をもらうことができます。

ふるさと納税は、（返礼品）事業者、自治体、寄附者（納税者）、どの立場からみてもメリットがあり、まさに〝三方よし〟の素晴らしい仕組みです。

あなたが、ふるさと納税の返礼品事業者になれば、この好循環の輪に参入することができます。

・ふるさと納税制度が生み出す好循環

①事業者が新商品やコンテンツを作成（既存のコンテンツでもＯＫ）
②自治体に申請（基準を満たすのが条件）
③全国的に宣伝（ポータルサイトや自治体ＨＰなど）
④良い返礼品を提供することで寄附者に認知される
⑤寄附者が増える、自治体（各市町村）の知名度が上がる
⑥自治体の財源が増え、自治体運営が安定する
⑦返礼品事業者の売上げも上がり、利益が増える
⑧利益を税金として自治体へ納税
⑨自治体がその財源を活かして、更なる住民への住みやすい制度を拡充
⑩結果、三方よしとなる

ふるさと納税が生み出す好循環

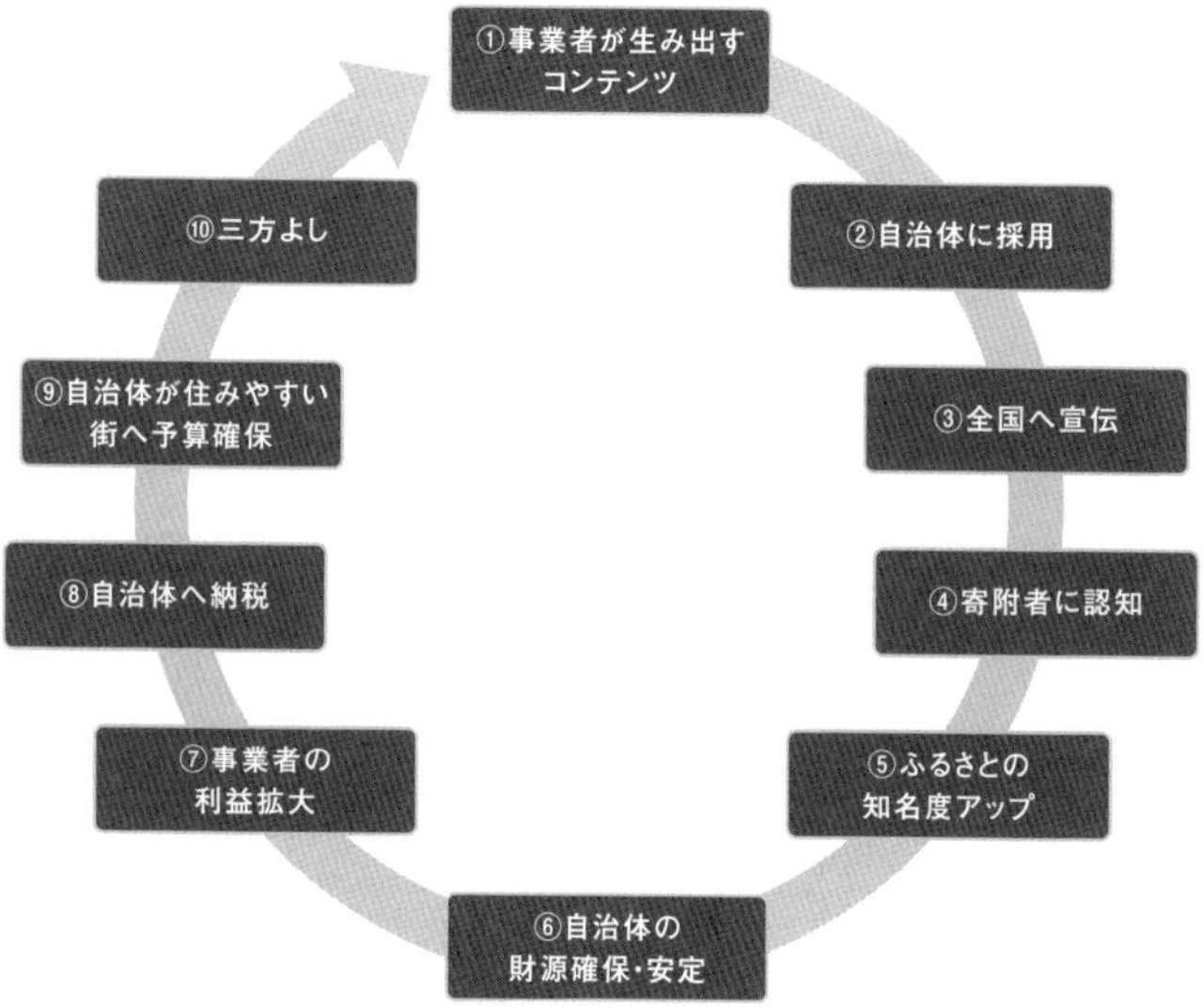

2章

ふるさと納税
最高額1億円を
達成したスキーム

ふるさと納税の返礼品登録で人生が変わった！

私が開発したコンテンツがふるさと納税の返礼品になり、寄附者があらわれたことで、私の事業は信じられないほど大きく変わりました。事業どころか、人生が変化したといっても過言ではありません。

この章では、建設業しか経験のなかった私が、「防災シェルター」をコンテンツとして製作した理由と、どんな経緯で返礼品事業者になったのかをお伝えします。

思い返すと、防災シェルターを商品化するまでには、様々なことがありました。建設会社として、鉄筋コンクリートを扱う専門家としてどんなものを製作すればいいのか悩み、「防災シェルター」を製作することになりましたが、様々な紆余曲折がありました。
長い年月の中で生み出した「防災シェルター」は、私の人生そのものだといえます。

・どのような思いで起業したのか
・起業する中でどんな苦労があったのか
・そしてあなたの扱うコンテンツはどんな風に生まれたのか
・生まれたコンテンツを知ってもらうためどんな努力をしたのか

それらは、事業をされている方なら、誰しももっているものです。
返礼品のアイデアは、そういった人生のストーリーの中に潜んでいると考えます。

あなたしかないストーリーを押し出すこと。
それらが、とくに地方の中小の事業主や個人事業主にとって、いかに事業を拡大させるきっかけになるのか。この章で私自身の経験をお伝えすることで、ご理解いただけるのではないかと思っています。

寄附額1億円！
防災シェルターが売れるまでの軌跡

起業し十数年が経ち、売り上げも安定。

社会的信用も得られたかな、と感じていたころのことです。

同業他社との価格競争が激しいために、受注を獲得しようとすると、値段を下げるしかないという事態に陥っていました。

私は悩みました。銀行から借り入れがある中、経費を抑えながら、価格競争に参入していくのか、もしくはオンリーワンの商品を考えて、適性の価格で売るのか……。

ある社長からのアドバイス

この先どうしていけばいいのかと考えていた時、銀行が主催のあるセミナーに参加する機会がありました。

登壇者は当時上場したばかりの有名企業の社長。

講演の後に名刺交換をする時間があり、私は
・どうしたら適正価格で良い製品が販売できるのか？
・価格競争で巻き込まれない商売をするには、どうしたらいいのか？
など、社長に質問しました。

すると社長から、

「今の単価の倍以上の商品を作って、提供する。そうすれば、そもそも価格競争にならないのでは？」と、アドバイスをいただきました。

自社にしかできない商品を作る！

その社長の言葉は、

「そうか！　それならできるかもしれない！」

という気持ちにさせてくれました。私の目の前がパッと開けたような瞬間でした。

私が役員を務める会社はマンションや学校、橋など鉄筋コンクリート造の建設物を作っている会社です。当社の技術を活かして、新製品を作るとすると、いったい何ができるだろうかと考えていました。

最初は、大人の隠れ家のような建物、例えば、ホームシアターやガレージルームを作ってはどうかと思いました。都会的な、センスのいい趣味のスペースです。
しかしそれは、「みんな考えていることだから、売れないし、やめた方がいい」と反対されました。

当時は、自然災害が増え、アジア情勢がこれから緊迫していくと言われていたころ。

ある時、政治家の方に、

「建設業だったら、核シェルターを作ってみたらどうだ？」

と言われたのです。

そこで、「なるほど！　核シェルターなら鉄筋コンクリートの技術を活かして作ることができるかもしれない」と思って始めたのが、シェルター事業になります。

シェルター事業を開始

2018年、防衛大学校の別府万寿博教授（建設環境工学科　衝撃工学研究室）に、鉄筋コンクリートが放射能を遮断するかどうかを相談しました。当時の話になりますが、あくまで予想値をデータにすることしかできないという返事をいただきました。

日本では日本国憲法第9条によって戦争は永久に放棄するとあります。そのため、戦争に対する知識、爆弾や核攻撃から身を守るという考えも基準も存在していないのです。

日本では核シェルターの開発自体が認められないようでした。

現在の日本では核シェルターとしての検証結果は出すことはできないということは、商品として世の中に出せないという結論になってしまいました。

その後は、防災（地震や竜巻、火山、土砂災害など）の観点から開発しようと、発想を転換しました。強固な建物としての基準を満たせるように、設計事務所とデータを基に様々な検証を行いました。

建築確認申請に関しては、当時存在するカテゴリーに該当する項目すらありませんでした。住居にしてしまうと、照度や開口部（窓）の問題がクリアできず、どうしたら建築確認申請が受理されるかを考え、結果として倉庫として建築確認を申請し、2カ月程度で受理されました。

試行錯誤すること1年。ようやく試作品を完成させました。

展示会に出展、専門家にも意見を請う

私は、防災シェルターを防災ＥＸＰＯなどの展示会に出展することにしました。お客様は、真剣な方ばかり。私は名刺やパンフレットをお渡しして、商品を説明し

ました。
名刺を交換したお客様には、お礼のメールを送り、興味をもってくださったお客様には、次にお会いする機会をいただきました。

展示会では、シェルターを開発していなかったら、やりとりできないような方ばかりとお会いすることができました。展示会を通じて知り合った経営者や研究者の方々からは、多くの意見をいただきました。

危機管理に携わる関係者の方には、法的根拠はどう説明するのか、実際に災害が起きたと仮定した時に、補償の問題はどうするのか、実際に根拠はあるのか、などの質問をいただきました。

防災商品を販売している企業の方々からは、業務提携のお話をいただくことができました。

しかし、肝心のユーザーからは、問い合わせやサンプル注文止まりです。

本当に苦労が続き、私はもどかしさを感じていました。

ようやく販売開始！

販売当初の価格は、10坪で地下に埋没するタイプ（地下型）が、坪単価200万円で約2千万円。地上型が坪単価150万円で約1500万円、という高価格帯でスタートを切りました。

NHKとちぎ、地元の下野新聞や、とちぎテレビからの取材を受け、下野新聞には、社会欄、次の日には経済欄にも掲載されました。
新聞掲載された次の日には、10件近い問い合わせがあり、その中から3件の見積もり依頼と発注検討に進むことができました。

しかし、シェルターを作るには、実際に現地調査をするだけで費用がかかってし

まいます。見積もりを出すと、

「こんなに高いの？」とか、

「災害への不安をあおって商売しているんじゃない？」

などと言われることもありました。


見積もりは数十件といただけるのに、なかなか成約までに至らない。

お客様の要望を形にすると、予算が5千万円を超えてしまうこともありました。

起こるかどうかわからない災害のために5千万円は出すことができないと言われたり、そもそも銀行の融資が通らないと回答されたり……。


私は、これはなかなか難しいな……、と弱気になっていました。

防災シェルターの紹介

ここで当社「株式会社未来を創る」のシェルターの紹介をします。
写真のものが当社敷地内に建てられたモデルシェルターです。『The Future Ark』
〜未来の舟〜と名付けました。
モデルシェルターは、実際のものと同じものになります。

未来の
The Future Ark

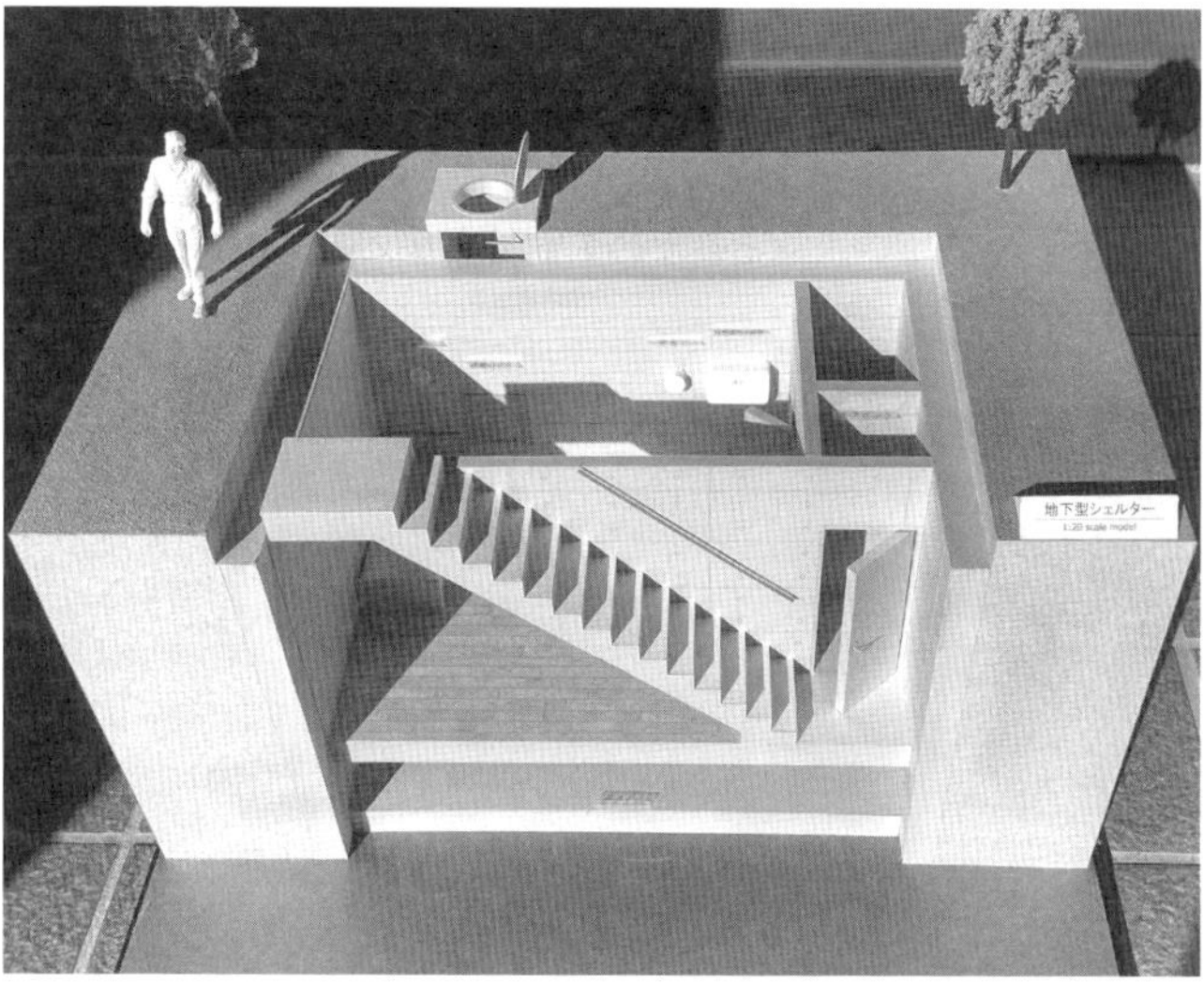

こちらが地下型の模型です。

構造は鉄筋コンクリート製。

通常の壁の厚さは、15センチぐらいですが、防災シェルターは2倍の30㎝です。

地下型は二重構造、放射能も除去するイスラエル製の特殊フィルターや、停電の時に安心な蓄電池、水が使えなくても使用できるバイオマストイレを標準装備しています。放射線が落ち着くのが2週間と言われているので、約2週間避難することを想定して作られています。

特殊フィルターとして、避難場所（シェルター）に危険な外気の進入を防ぐため、特殊空気ろ過フィルター機を設置しています。

エアコンサイズで場所を取らず、見た目もすっきりしていて、違和感がありません。放射性物質・VXガス、サリンなどの化学兵器、ウイルス等の生物兵器に対応し、危険物質を排除します。除去性能は、99・995％！　世界最高水準になります。

自治体から声がかかる

販売開始から2年が経過し、販売に苦戦している中、地元である栃木県矢板市の自治体が、「川口さんの商品、おもしろいから、ふるさと納税の返礼品として登録したらどう？」と言ってくれました。

当時、私はふるさと納税という言葉を知っているぐらいで、仕組みについては何も知りませんでした。しかし、話題になったらいいかな、という思いで、「ぜひ、よろしくお願いします」と伝えました。

そして登録された商品は、地下型のシェルターで、1件あたり納税金額1億円の返礼品となり、登録された当時のふるさと納税で破格の高価格帯に設定されていました。

他に、地上型シェルター（納税金額5500万円）と、エコノミータイプのシェ

「ふるさとチョイス」のサイト画面

ルター（納税金額2200万円）の計3シリーズが登録されました。

取材が殺到！　全国区のメディアに出演

当時は、ふるさと納税の事業者がどういうものなのかよくわかりませんでした。しかし、矢板市のサイトやふるさと納税のポータルサイトサイトに掲載されたおかげで、それを見た人が、面白がってくれて、徐々に話題になっていきました。

最初は、テレビのバラエティー番組に、面白い返礼品として紹介されました。すると、全国ネットという理由からかなりの評判になったのです。全国の地方のテレビ局から取材依頼が殺到しました。

しかし、金額が金額だけに成約になると思っていませんでした。なぜなら、1億円のふるさと納税ができる方の推定年収は、何十億円以上。私は、正直そんな人が

月15日 火曜日 産経新聞

防災シェルター 初めて贈呈

矢板市 ふるさと納税1億円の返礼品

矢板市がふるさと納税の高額寄付者に対する返礼品として令和2年8月から加えた防災シェルターが、このたび1億円の寄付を受け、初めて寄付者に贈られることになった。同市への個人の寄付としては過去最高額。シェルターは地元企業が鉄筋コンクリートの技術を生かして開発した逸品で、災害の激甚化が進む中、新たな目玉返礼品となるか。（伊沢利幸、写真も）

地下型防災シェルターの模型

名付けて「未来の舟」

■地下型の2重構造

同市によると今回、1億円を寄付したのは、兵庫県に住む50代の会社役員の男性。昨年12月に寄付を申し込んだ。矢板市の返礼品が防災シェルターであることをテレビ番組で知り、納税を決めたという。

男性の自宅に建設されるシェルターは地下型で広さ21平方㍍。鉄筋コンクリート造りで厚さ30㌢の外壁と内壁の2重構造。特殊な換気装置や非常用電源システム、バイオトイレなどを備え、土砂災害や竜巻などの災害時に1週間程度、安全に過ごせるという。

価格は非公開だが、国の基準である寄付額の30％以内に収まっており、今秋に着工、来年2月の完成を予定している。

■発想は核シェルター

この高性能防災シェルターを開発したのは、防災関連商品の製造・販売、施工を手がける「未来を創る」（同市こぶし台）。社長の川口篤史さん(49)は鉄筋施工会社の元社長（現在は役員）で、業界の厳しい受注競争の中、新規事業に活路を見いだそうと取り組んだのが、鉄筋コンクリートの技術を生かしたシェルター開発だった。

当初は家庭用核シェルターの開発・事業化を目指したが、国内では具体的な実験ができず、最終的な安全性の証明が難しいと判明。方針転換で目指したのが、多発、激甚化する土砂災害などに対応する防災シェルターだった。

ただ、平成29年に開発に成功、30年から販売を始めたものの、住宅メーカーなどから問い合わせがあるだけで、販売には至らなかった。

「未来を創る」の川口篤史社長と同社敷地内にあるモデルシェルター ＝矢板市こぶし台

そんな折、同社に白羽の矢を立てたのがシェルター開発を知った矢板市。令和元年度から、ふるさと納税の返礼品の基準が「地場産品で返礼率30％以下」などと厳格化され、同市も返礼品となる新たな地場産品を探していた。

市は川口さんに返礼品の話を持ちかけ、市として最高額の1億円に設定した高額寄付者向けの返礼品に決まった。1億円という設定は全国でも山形県米沢市の真空管アンプ（寄付額1億4700万円に設定）に次ぐ高額さで「市のふるさと納税や企業のPRにもつながる」（矢板市）との狙いもあった。

■受注増やしたい

今回の1億円の寄付により、矢板市の昨年4～12月の寄付総額は約2億1770万円と、前年同期の2倍以上になった。斎藤淳一郎市長は「寄付額が落ち込んだ時期もあったが、返礼品の発掘を行った結果、高額寄付につながった」と分析。今後も返礼品の発掘・開発で「寄付額の増加を目指したい」と語った。

ふるさと納税をきっかけに自社のアピールにつながった川口さんも「建設業界の下請けは価格競争が激しく、（受注額を）安売りせざるを得なかったが、自分が開発した商品が最高額の返礼品となり、本当にうれしい。さらに受注が増えるよう、PRしていきたい」と手応えを口にしている。

産経新聞の記事です（2022年2月15日掲載）

掲載日:2022年03月06日, 面名:各地, 記事ID:KIJ20220306_01024000100317005

【矢板】市への2021年度のふるさと納税による寄付額は、２月までに前年度比２倍以上の約２億4100万円に上り、新制度が始まった19年度以降で最高を更新した。大きな要因は、兵庫県の男性から１億円という大口の寄付があったことだという。その高額寄付への返礼品は、全国的にも珍しい地下型防災シェルター。一体どのようなものなのか、開発したこぶし台の企業「未来を創る」を訪ねた。（太田《おおた》啓介《けいすけ》）

ふるさと納税返礼品
すごいぞ　防災シェルター

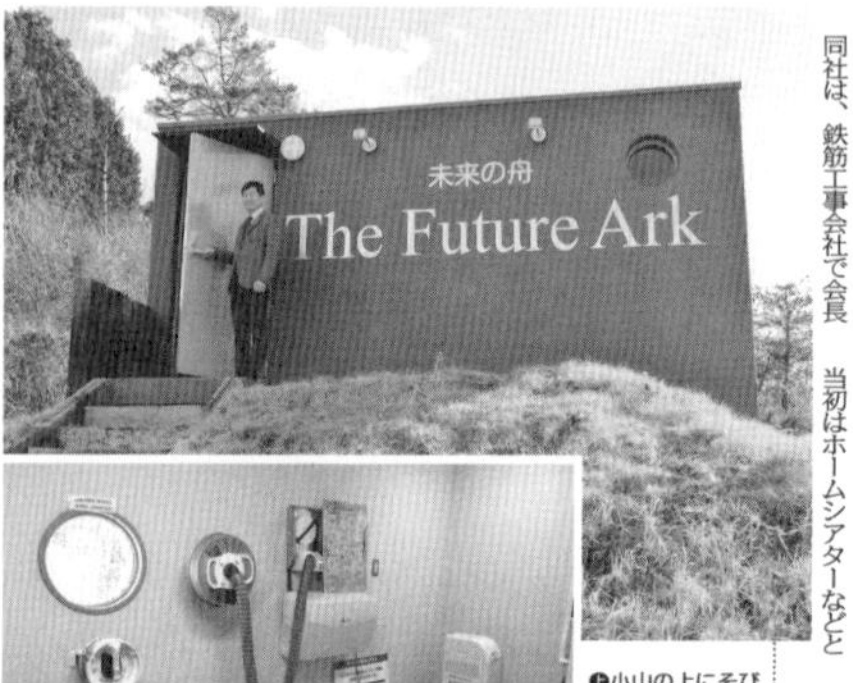

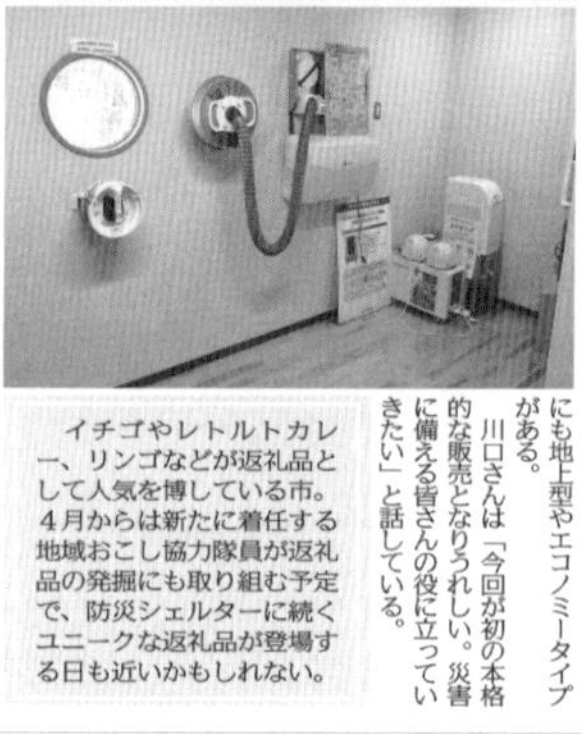

㊤小山の上にそびえるモデルシェルター㊦換気装置などを備えるシェルター内部

県道矢板那須線から矢板南産業団地方面に進むと、左手の小山の上に「未来の舟～The Future Ark」と外壁に記されたモデルシェルターがそびえ立つ。

同社は、鉄筋工事会社で会長を務めている川口篤史《かわぐちあつし》さん(49)が17年、別会社として創業。厳しい価格競争が続く中、鉄筋コンクリートの技術を生かして自社商品を開発することなどが狙いだった。

当初はホームシアターなどとして利用できる〝大人の隠れ家〟を造れないかと考えていたが、知人のアドバイスで核シェルター開発へと路線変更。核シェルターとなると、耐久性などの証明が現実的ではなかったため、防災シェルターに落ち着いたという。

二重壁構造　換気装置も

今回の返礼品となる地下型シェルターは、鉄筋コンクリート造りで広さ約21平方㍍。厚さ30㌢ほどの外壁と内壁の二重壁構造で、内部には特殊な空気ろ過器や換気装置、非常用電源システム、バイオトイレなどを備える。

土砂災害や火山の噴火、竜巻などの災害発生時に2週間程度過ごすことを想定しており、他にも地上型やエコノミータイプがある。

川口さんは「今回が初の本格的な販売となりうれしい。災害に備える皆さんの役に立っていきたい」と話している。

イチゴやレトルトカレー、リンゴなどが返礼品として人気を博している市。４月からは新たに着任する地域おこし協力隊員が返礼品の発掘にも取り組む予定で、防災シェルターに続くユニークな返礼品が登場する日も近いかもしれない。

下野新聞の記事です（2022年3月6日掲載）。

いるのかとさえ思っていました。

だから、営業ネタとしてもっていればいいな、という思いで、メディアの取材を受け続けていました。すると、それなりに知名度が上がり、ついに成約者があらわれたのです。

成約になると、自治体の方が、これは記者会見をすべきだと言ってくれました。私は、すべてが初めてのことでよくわかりませんでしたが、記者会見をやらせていただけるならと、出席しました。翌日、大手の新聞が、かなり大きい紙面で取り上げてくれました。


そのおかげで、当社の認知度や、私の知名度までもが上がりました。

ふるさと納税の返礼品という集客手段ができたのは、私にとって思いがけない進展でした。

テレビの取材風景です。

今振り返ってみると、自治体という大きな後ろ盾ができたことで、日の目を見ることが難しいと思っていたシェルターが一気に注目されるようになりました。

今、世界では、各地で戦争が起こっています。

南海トラフ地震もいつ起こってもおかしくないと言われています。

防災意識の高まりとともに問い合わせだけでなく、受注もいただけるようになりました。これからもシェルターの必要性を発信したいと思っています。

このように、事業のストーリーから商品が誕生したのは、当社だけではありません。

ストーリーとアイデアで事業を大きく拡大させた事例を、次章で具体的に紹介していきます。

掲載されたメディアの一例

新聞／WEB版

1/28/2022	朝日新聞「個人から寄付1億円返礼品はシェルター」
2/15/2022	産経新聞「防災シェルター初めて贈呈」
1/29/2022	東京新聞「防災シェルター初めての申し込み」
1/26/2022	毎日新聞「ふるさと納税に1億円 返礼品のシェルターで決めた」
1/22/2022	読売新聞「ふるさと納税（兵庫県の男性が1億円）」
3/6/2022	下野新聞「ふるさと納税返礼品 すごいぞ防災シェルター」

ニュース／テレビ番組

5/23/2021	テレビ朝日『ナニコレ珍百景 』
1/26/2022	日本テレビ『日テレニュース』
1/26/2022	日本テレビ『news every.』
1/27/2022	日本テレビ『Oha！4 NEWS LIVE』
1/27/2022	とちぎテレビ『とちテレNEWS』
1/29/2022	テレビ番組『スーパーJチャンネル 』
1/29/2022	TBSテレビ『情報7daysニュースキャスター』

強いコンテンツは「魅せポイント」をもっている

3章

2章では、当社がどんな流れで防災シェルターを作り、ふるさと納税の返礼品に登録され、その後の反響がどうだったのか、わかっていただけたと思います。

当社同様、ふるさと納税の返礼品には、ストーリーをもっている返礼品がたくさんあります。コンテンツを生み出した事業者や職人の人生が込められているような返礼品はとても魅力的です。それらが地域活性につながったり、地元で埋もれていたものを掘り出したりするからです。

私はそういったことがふるさと納税の魅力であり、面白さではないかと考えます。さらに、返礼品が成功するには、「差別化」が重要だと思っています。それには、コンテンツ自体の魅力（おもしろさ、特異性、希少性）などとともに、限定された地域性や、特定の支援など、目的の明確さ。これらの要素の二つをもっているコンテンツは強い、と感じています。

この章では、そうした背景をもっている魅力的な返礼品をいくつかご紹介します。

ストーリー1　おもしろアイデアコンテンツ〈ホタテ水着〉

廃棄の貝殻をなんとかしたい！
社長のアイデアが業績と地元を活性化

むつ市は、青森県の北部に位置し、下北半島にあり、青森湾に面しています。港町ならではの観光資源も豊富で、海岸沿いには、漁港や海水浴場などがあります。

自然豊かな地域で、日本三大霊場である恐山や平野が広がっており、とくに釜臥山展望台は、日本の夜景百選に選ばれ、美しい景観を望むことができます。

むつ市の返礼品のひとつに、SNSなどで話題を集めている「ホタテで作った水着（ホタテ水着）」があります。ホタテ水着とは、3枚のホタテの貝殻をリボンで固定したシンプルな水着です。貝殻の幅は一枚12センチ前後。「大きすぎず小さすぎず、丁度いい貝幅（!?）のホタテ貝」です。寄附金額は6千円の返礼品になります。

このホタテ水着をSNSなどで目にしたことがある人もいるかもしれません。

ホタテ水着を考えだしたのは、むつ市の魚介・海産物を販売する阿部商店、阿部学社長です。（阿部商店：https://www.rakuten.co.jp/hotateyasan/）

このホタテ水着が作られ、ふるさと納税になった背景には、阿部さんの人生のストーリーとアイデアがあります。

きっかけは2011年に起こった東日本大震災の後。青森県の郷土食である「みそ貝焼き」に使うホタテの貝殻が大量に余っていることに当時観光施設で働いていた阿部さんが気づいたことです。（みそ貝焼きとは、ホタテの貝殻にみそや野菜を

入れ、直火であぶるメニューです）

震災直後の東北部は観光客が激減していました。客が来ず、貝殻はたまる一方。何とか活用できないかと阿部さんは考えました。

阿部さんは貝を家に持ち帰り、ある着想を得ました。

電動ドリルで穴を開け、表面を漂白・研磨し、紐を通しました。そうです、ホタテ水着のでき上がりです。

まず、インターネットで販売すると、テレビの取材を受けるほど注目を集めました。

震災を機に独立した阿部さんにとって、地元が注目された経験は忘れられないものになりました。それからも全国から注文が舞い込み、年間に100セットほど売れ、500セット出荷した年もあったそうです。

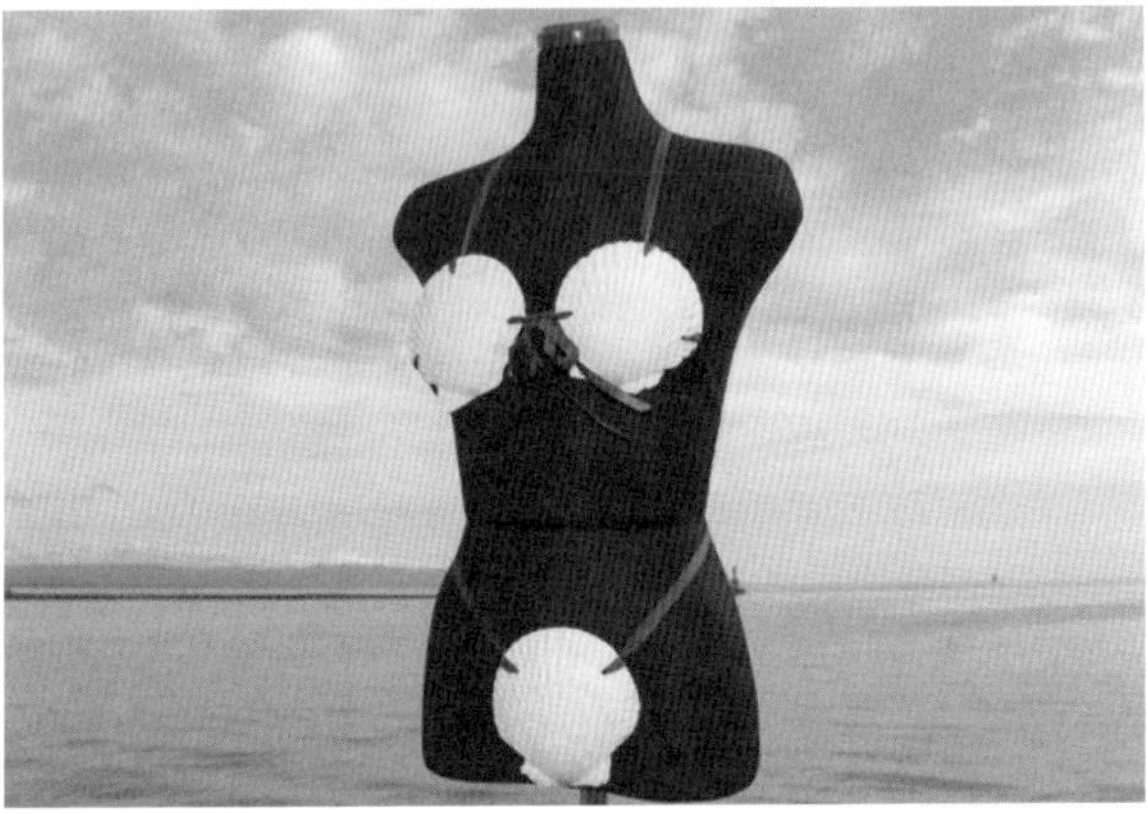

こちらが、SNSの画面です。

２０２１年、青森県内を豪雨が襲いました。むつ市も甚大な被害となりました。そこで、阿部社長は災害被害の復興に貢献できると思い、自社で販売している他の製品などと一緒に、ホタテ水着をふるさと納税の返礼品に登録してもらえるように、むつ市にかけ合いました。

これまで前例がありませんでしたが、むつ市のシティプロモーション推進課の山崎学課長も、ぜひに、と言ってくれたそうです。

こうしてホタテ水着がふるさと納税の返礼品の仲間入りをし、阿部社長がX（旧Twitter）に投稿すると、SNSで大きな話題になり、予想をはるかに上回る注文が入りました。ふるさと納税ポータルサイト「さとふる」の装飾品・工芸品部門では、週間1位を獲得したそうです。

ホタテ水着の知名度が上がり、阿部商店の事業が拡大した理由として、ストーリー性のあるコンテンツであること、阿部社長のふるさとに対する熱い想いが要因ではないかと考えます。

当時のむつ市市長と一緒にホタテ水着を着用!

とくに事業を拡大させていく過程で生まれたストーリー性のあるコンテンツが寄附者の心を掴んだのではないでしょうか。

また、誰も知らないような青森県のいち事業者の様子をSNSで随時投稿し続けていることも見習いたいところです。SNSでビジネスをすることは、自分には関係のないと思っていた事業者もいるはずですから、阿部社長の投稿を見て、SNSで事業を行うヒントを学んでみるのもひとつの方法ではないでしょうか。

丹精込めて、完成させたコンテンツは、唯一無二であり、誰にも真似されることはありません。それは、あなたそのものだからです。

最初は漠然として、形にならないかもしれませんが、全力で時間を費やしたものは必ずあるはずです。

あなただったらどんなものを提供しますか？　あなたの人生を形にしたこのコンテンツを、日本の皆様へ送り届けませんか？

ストーリー2　地域の伝統工芸コンテンツ〈曲げわっぱ〉

秋田県大館市の伝統技術を次の世代に受け継ぎたい

秋田県大館市は、秋田県の北部に位置する人口6万5千人の市です。青森県に隣接しています。寒暖の差が大きく、気温の年較差が大きい大陸性気候で、降雪量が多く、周辺の自治体と同様に特別豪雪地帯に指定されています。

大館市は、昭和初期は、鉱業、秋田杉を背景に製材業が発達していましたが、現在は、リサイクルや医療産業が主軸です。特産品としては、きりたんぽ、比内地鶏、とんぶり、しいたけ、ホップ、あきたこまち（お米）などが有名です。

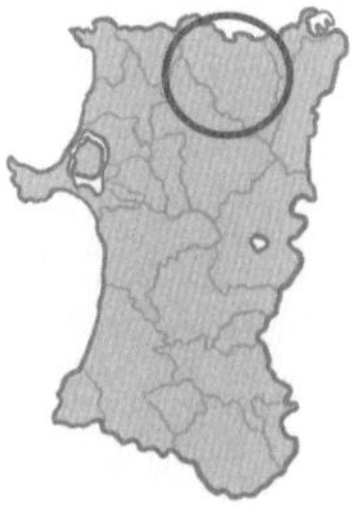

次に私が紹介するのは、秋田県大館市の『曲げわっぱ』です。

日本には伝統工芸があり、ものづくりへのこだわりや歴史との関連性、創意工夫、製品の美しさは世界に誇れるものです。しかし、同時にこれらの素晴らしさが十分に市場に伝わっていないのではと感じています。ふるさと納税の返礼品に登録されることで、伝統工芸がさらに日本中に知れ渡り、伝統が承継されることを願います。

秋田の特産品中でも、秋田杉を利用して作られている『曲げわっぱ』は、ふるさと納税の返礼品に登録されています。

曲げわっぱとは、スギやヒノキなどを薄く削って湯通しで柔らかくして、円形に曲げた容器・道具のことを言います。曲げわっぱのお弁当箱は、お弁当内の湿度をコントロールする調湿機能があり、冷めてもふっくらとした美味しいご飯を味わえることが魅力です。

曲げわっぱの製造工程です。

ベスト匠の技賞受賞の親子弁当小

木目の美しさやシンプルな自然素材などが現代人の感覚にも合い、注目されています。日本各地には同様の「曲げ物」がありますが、国の伝統的工芸品の指定を受けたのは大館の曲げわっぱだけです。大館で産地が形成された背景には、日本三大美林のひとつである「秋田杉」が豊富にとれたことがあります。

そんな曲げわっぱの製造元のひとつ、大館市内にある大館工芸社。1959年に創業し、「お客様に喜ばれる良いものを作る」と、曲げわっぱや秋田杉工芸品の製造を始めました。現在、伝統工芸士5人を含む30人の職人たちが制作にあたっています。

大館工芸社は、カップをはじめ、様々な製品が「グッドデザイン賞」を受賞しており、曲げわっぱの美しさを最大限に引き出すデザインが注目を集めています。また、小判弁当を含むお弁当箱数点は、10年以上継続的に提供し、グッドデザイン賞の一部門である「ロングライフデザイン賞」も受賞しました。これは時代を超えてスタンダードであり続ける商品・コンテンツに送られる賞です。

ふるさと納税返礼品事業者となったきっかけは、大館市から大館工芸社に登録の依頼をしたこと。曲げわっぱを使った人からは、「お米がいつまでも美味しくてお弁当の時間が楽しみです」、「本物の日本の工芸品を使うことができて嬉しい」などの声があがっていて、大館工芸社もふるさと納税に登録して、知名度が上がったと実感しているそうです。

大館市では、寄附額9千円の「曲げぐい飲み」や1万8千円の「曲物カップ（ソーサー付き）」をはじめ、各種弁当箱も2万5千円から。各種「おひつ」や「和せいろ」なども、寄附の返礼品として今では多数ラインナップされています。

ストーリー3　体験型返礼品コンテンツ〈おっちゃんレンタル〉

企業がプロデュース！ 飛騨市を名物おっちゃんと一緒に楽しむ！

岐阜県飛騨市は、岐阜県の最北端に位置し、北アルプスをはじめとする山々に囲まれ、約92％を森林が占めています。

四季の移り変わりを肌で感じることができ、とても自然に恵まれたところです。

ＮＨＫの連続テレビ小説の舞台となった「白壁土蔵と瀬戸川・古い町並み」、豊かな自然を活かした酒づくりなど、個性にあふれた地域資源が存在します。

飛騨市で、事業者を巻き込みながら、飛騨のモノやコトの価値をもっと多くの方に届け、認知度アップや購買、応援、ふるさと納税の寄附拡大などに貢献している企業があります。株式会社ヒダカラです。代表の舩坂香菜子さんは飛騨市役所に出向し、自治体職員としてふるさと納税を大きく伸長させた実績（3億5千万円から11億円）と経験があり、自治体側としての運営のノウハウや業務の効率化の実績をもっています。

その会社がプロデュースするふるさと納税の返礼品のひとつに、自称・面白がり屋の大田利正さんと一緒に、飛騨を満喫できる「おっちゃんレンタル（まちあるきガイドなど）」があります。

ガイドの大田さんは、飛騨古川ユースホステルの経営をしながら、お客さまと町を楽しむうち、ガイドの仕事もするようになりました。

大田さんのガイドは、有名観光地だけでなく、ローカル感たっぷりのおもしろガイドです。

ガイドの大田さんです。

・廃線を利用した〝レールマウンテンバイク ガッタンゴー〟に一緒に乗りたい！
・他のガイドが知らないようなローカルな飲食店に行ってみたい！
など、様々な要望を叶えてくれるそうです。


大田さんの案内でとくに人気があるのは、飛騨神岡です。

神岡町は千年以上の歴史をもつ鉱山の町でした。今では神岡鉱山が操業を停止。神岡鉄道も廃線になっていますが、飛騨神岡の街並みには、昭和の雰囲気がそのまま残されています。

この神岡町には「ニュートリノ」の研究でノーベル物理学賞を受賞した「スーパーカミオカンデ」をはじめ、宇宙と素粒子の謎を探求するための研究拠点が集まっています。

けれど大田さんなら、隠れた名所、遊郭建築の「深山邸」も案内してくれます。

明治40（1907）年、岐阜県の三大遊郭のひとつに数えられる「船津花園遊郭」が神岡町に誕生。街の繁栄とともに、明治から昭和にかけて発展しました。深

地元の深い所まで、観光客を案内してくれます。

山邸は、いまも当時のままの姿を残しています。現在では市が管理し、「おっちゃんレンタル」や企画がある時など、施設に入ることができるそうです。

おっちゃんレンタルは、寄附額2万円で2時間半前後、1名から4名まで利用可。募集の注意書きに「予想外のことが起こることがあります。あらかじめご了承ください」なんて書いてあるのも、体験型ならではです。現在はおっちゃん第2弾として、鮎釣り名人の室田さんも活躍中です。

こうした体験型の返礼品も、最近数多く登場しました。単に商品を手にするだけでなく、その地域ならではの体験を提供するパターンの返礼品は、今後も増えていくと思っています。

これなら、適した商品のない事業者でも、参入する余地はありそうだと思いませんか？　自社商品にこだわらず、提供できるコンテンツはないだろうか……、そんなアイデア勝負の企画も、案外採用されるかもしれません。

都市部のふるさと納税対策

返礼品に多く見られる高級食料品のルール規制の強化に伴い、ここ数年では、おっちゃんレンタルのように、「コト」＝体験を返礼品とする事業者も増えてきています。

こういった体験型の返礼品は、これまで目立った特産品がなく、ふるさと納税で税収の「流出」が目立っていた自治体でも、地域資源を活用した巻き返し策として打ち出されています。

それと対照的に、都市部では、ふるさと納税による税収の減少、という事態が起こりました。

次の表は市町村民税控除額の多い20団体になります。

多い順から、神奈川県、愛知県、大阪府、東京都など、ほとんどが都市部であり、住民が他の地域に寄附するなどして、地方税の控除額が多い自治体です。

令和５年度 課税における市町村民税控除額の多い20団体

（単位:百万円、人）

団体名		市町村民税控除額	控除適用者数
神奈川県	横浜市	27,242	398,606
愛知県	名古屋市	15,926	231,165
大阪府	大阪市	14,853	250,358
神奈川県	川崎市	12,115	187,502
東京都	世田谷区	9,829	135,082
埼玉県	さいたま市	8,969	137,904
福岡県	福岡市	8,504	140,153
兵庫県	神戸市	8,457	135,549
北海道	札幌市	7,951	149,127
京都府	京都市	7,387	116,423
東京都	港区	6,942	51,567
千葉県	千葉市	5,541	82,476
広島県	広島市	5,141	87,404
東京都	大田区	4,953	95,472
東京都	杉並区	4,786	81,058
東京都	江東区	4,775	81,152
宮城県	仙台市	4,581	78,275
東京都	渋谷区	4,559	39,789
東京都	品川区	4,546	70,608
東京都	練馬区	4,359	87,801

出典：ふるさと納税に関する現況調査結果（令和５年度実施）
総務省自治税務局市町村税課

しかし、こういった都市部の自治体ならではの返礼品があります。都市部にしかない、そんな都会感たっぷりのおしゃれな気分を楽しみたいという方は、こんな体験型返礼品を選ぶのではないでしょうか。

・ハイアットリージェンシー横浜アフタヌーンティーセット　ペア4万円（神奈川県横浜市）
・重要文化財「料亭八勝館」ペアお食事券　22万円（愛知県名古屋市）
・フォーシーズンズホテル京都1泊2食付　ペア宿泊券　110万円（京都府京都市）
・神戸ベイシェラトンホテル&タワーズ　ホテルギフトチケット　7万円（兵庫県神戸市）
・二子玉川エクセルホテル東急30階レストランペアランチ券　4万6千円（東京都世田谷区）

〈2023年11月現在〉

ふるさと納税と言うと、地方に税金が流れるのが実状ですが、ふるさとが都市部で、就職してそのまま住み続けている人もいます。これらは、都市部で生まれ育った人が地元で貢献できるという良さがあります。遠出をするわけではなく、地元で楽しむことができるということは、大きなメリットです。そして、これは、都市部の税収の減少を防ぐことにもつながります。

イベント参加型の広がり

体験型の返礼品には、飛騨市の「おっちゃんレンタル」のようなイベント参加型のものも増えています。

これらは、そのふるさとでしか体験することができません。誰にも真似できない返礼品です。そういったものは、他の自治体との差別化を図るだけでなく、現地に足を運んでもらうことができます。実際に体験してもらうわけですから、ファンになってもらえる確率は上がります。ファンになってもらうことができれば、何度も寄附してもらえる可能性も膨らみます。

- 流鏑馬体験プログラム90分　1万円（青森県十和田市）
- 伝統染め　紅花染体験 綿ハンカチーフ 現地体験　4千円（山形県米沢市）
- エゾ鹿ハンティング体験4名様まで同時に体験可能　7万円（北海道白糠町）
- 渡良瀬遊水地 熱気球 遊覧飛行 搭乗体験 数量限定 17万円（栃木県小山市）
- フライトシミュレーターでパイロット体験（1～4名）12万1千円（千葉県浦安市）

〈2023年11月現在〉

いかがですか？　どれに参加しても思い出に残るような体験ができそうです。

このように、地域の魅力をアピールすることで、全国へ地域ブランドを広めていくことができるのです。

ふるさと納税の採用で得られるメリットとは

4章

事業者にとっては、ポータルサイトの多さがいちばんの魅力

返礼品事業者に採用されると、ほとんどのコンテンツが、自治体のふるさと納税特設サイトと、「ふるさとチョイス」、「楽天ふるさと納税」、「ふるなび」、「さとふる」などのふるさと納税ポータルサイト（ショッピングモール）に出品されます。ひとつの自治体につき、約4、5社は契約しています。

ポータルサイトの数は30社以上あると言われていますが、今回は、掲載自治体数が多いふるさと納税ポータルサイト6社を94ページに掲載しました。

これらは、インターネット上にコンテンツを出しているので、自社が通販サイトをもっているのと同じです。それが事業者の負担なく出品することができるのです。

事業者の中には、インターネットで販売することが特別なことだと思っていたり、インターネットで販売の方法がわからずにネット販売を開始していない事業者もたくさんいます。

通販サイトをもっていても、アクセス数が集まらず、うまくいかない人もいます。しかし、返礼品事業者に登録されると、自治体（代理店）が、インターネットでの販売のほとんどを引き受けてくれるのです。

新型コロナウイルス感染症の影響で、客足が大幅に減少。創業340年でいちばんのピンチだった老舗のうなぎのせいろ蒸しの名店が、ふるさと納税の事業者になり、自治体の協力のもとインターネットで販売することに挑戦。結果、以前より多くの人に知れることになった例もあります。

事業者にとって間違いなく販路拡大へのきっかけになり、滅多にない大チャンスです。まさに究極のＰＲ戦略と言えるのです。

掲載自治体数が多いふるさと納税ポータルサイト

ポータルサイト名 サイトアドレス	特徴
さとふる https://www.satofull.jp/	コマーシャルでおなじみ 地域の特産品が充実
楽天ふるさと納税 https://event.rakuten.co.jp/furusato/	楽天カードの新規登録が必要 楽天ポイントの還元がある
ふるなび https://furunavi.jp/	寄付するとdポイントや楽天ポイントになる「ふるなびコイン」がもらえる
ふるさとチョイス https://www.furusato-tax.jp/	掲載自治体数ナンバーワン！ 50万点以上の返礼品がある
ふるさとプレミアム https://26p.jp/	最大32%のamazonギフト券を還元
au PAY　ふるさと納税 https://furusato.wowma.jp/	KDDIが運営。Pontaポイントがたまる

認知度の高さは、将来の可能性を保証する

共通ポイントサービス「Ponta」を運営する会社、株式会社ロイヤリティマーケティングが行った「ふるさと納税に関する調査」の公開レポートでは、ふるさと納税の認知度は97％で、申し込んだ経験のある方は31％という結果になりました。

ふるさと納税は、誰もが知っているという結果になりましたが、ふるさと納税を利用したことがある人はまだまだ少ないようです。

この結果により、ふるさと納税をすることに、煩わしさや面倒臭さを感じている方がいるのも事実です。引き続き、ふるさと納税がさらにやりやすくなるような仕組みになることを願うばかりですが、言い換えると、ふるさと納税はまだまだ大きな可能性がある市場だということになります。

「ふるさと納税」認知／申込有無

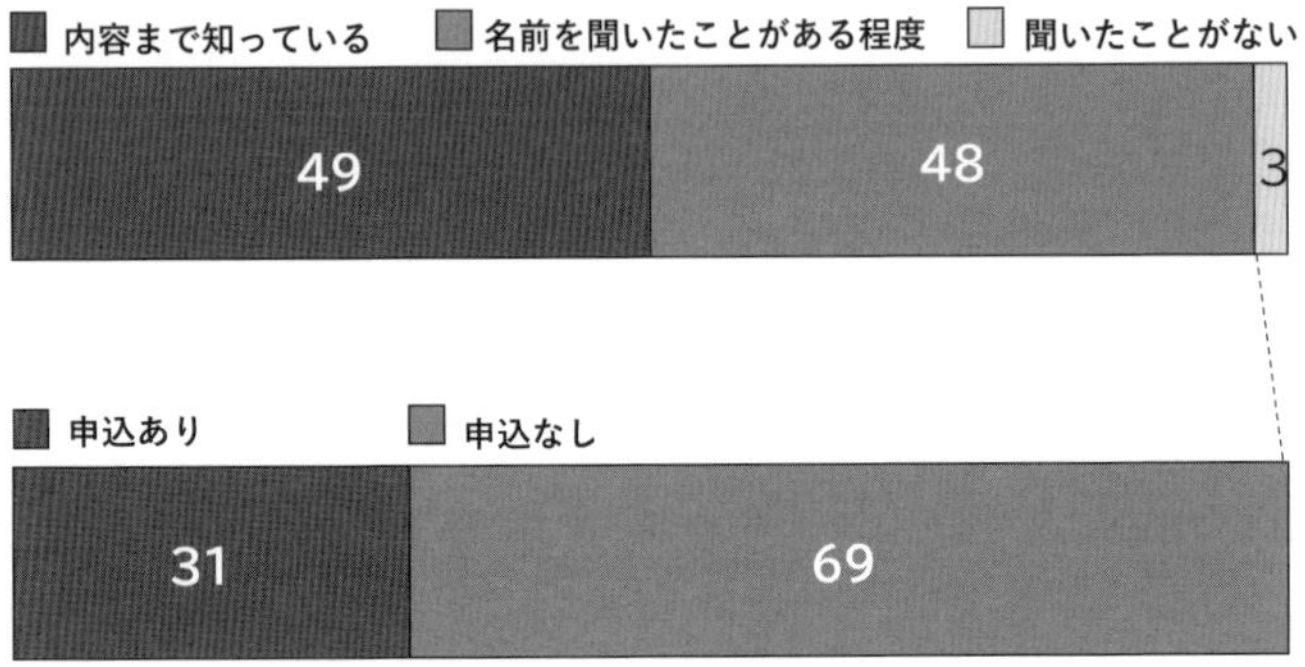

調査方法：インターネット調査
調査期間：2022年12月21日～12月22日
パネル：「Pontaリサーチ」会員
（Ponta会員で「Pontaリサーチ」への会員登録をしていただいている方）
調査対象：国内在住20～60代の方
有効回答数：1,000名　※性年代ごとに100サンプル回収

「ロイヤリティマーケティング」調べ

実際、ふるさと納税の規模は急上昇中

ふるさと納税規模をあらわす「寄附金額推移」は、毎年増加しています。平成27年に「ふるさと納税ワンストップ特例制度」による手続きの簡素化、「控除額が約2倍に拡充」が開始されたことで、急激に寄附金額が増加しました。

令和4年では9654億円になり、令和5年には1兆円に到達すると予想されます。

ちなみにインターネット通販が楽しめる総合ショッピングモールを運営する日本最大手企業Aの2022年の売上が約1・9兆円なので、ふるさと納税の規模がいかに大きいかわかっていただけるのではないでしょうか。

ふるさと納税の受入額及び受入件数の推移（全国計）

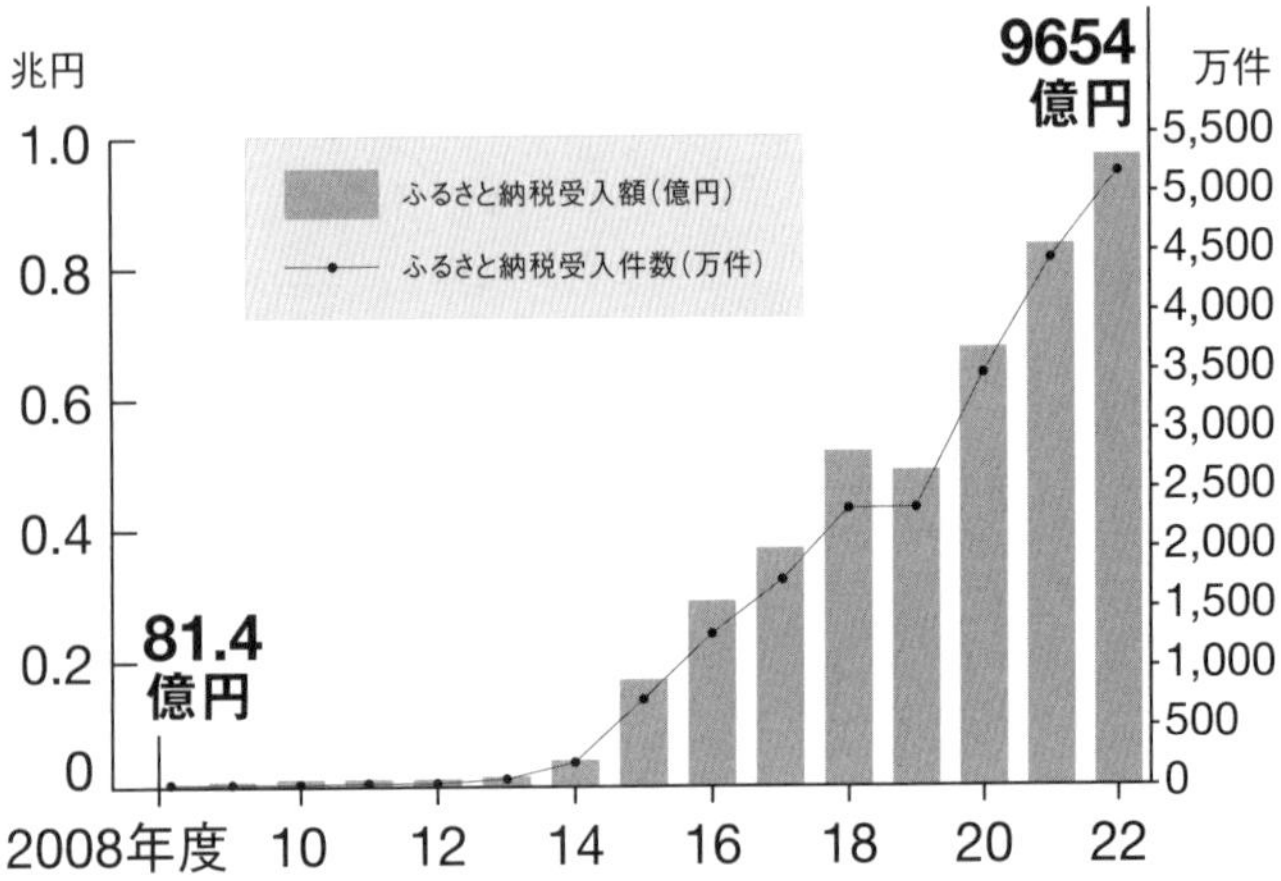

出典：ふるさと納税に関する現況調査結果（令和５年度実施）
総務省自治税務局市町村税課

○ふるさと納税の受入額及び受入件数（全国計）の推移は、上記のとおり。
○令和４年度の実績は、約 9654 億円（対前年度比 1.2 倍）、
約 5,184 万件（同約 1.2 倍）

初期費用無料、プロに宣伝まで行ってもらえる

通販サイトを個人で作成すると、写真撮影からサイトデザイン、キャッチコピーなど大きな労力や費用がかかります。さらに、でき上がってからもSEOやマーケティングなど、多くのことを学ばなければなりません。

ある事業者がホームページを作ってインターネット販売を試みたところ、まったくアクセスが集まらずにサイトを閉鎖したという話を聞いたことがあります。

自社の通販サイトを人気サイトにするには、知識と時間がかかります。

しかし、返礼品事業者に採用が決まると、事業者側は、出品やポータルサイトへの掲載についての費用は不要です。ふるさと納税ポータルサイトへの掲載に必要なページの作成などの費用も、自治体が費用を負担してくれるので、無料でふるさと

納税ポータルサイトに出品できます。

返礼品の魅力を伝えるために、写真撮影、キャッチコピーや説明文の作成、ページデザイン制作まで、プロの手が加わることになります。

サイトを見た事業者からは、うちの商品（コンテンツ）が生まれ変わった！　という方もいるそうです。

コンテンツの価値をさらに高めることができる

返礼品に採用されたということは、自治体の審査に通った、自治体が選んだ事業者・コンテンツとして自治体のお墨付きを得られているわけです。自治体の後ろ盾があるため、大きな信用も生まれます。

これは、コンテンツに対するイメージが上がることにつながり、さらにふるさと納税の返礼品であり続けることで、その価値を高めることができます。

また、自治体のホームページやふるさと納税のポータルサイトに掲載されると、自然に多くの人の目に止まるようになり、知名度も上がります。

とくに珍しいものや、他にないコンテンツであったりすると、さらに注目度は高まるでしょう。

レビューやメッセージが良ければ、さらに信用が増す

ふるさと納税のポータルサイトには、通常にあるショッピングサイトと同様に、返礼品を受け取った後に、レビューや応援メッセージなどが入力できる機能が付いています。

利用者は実際にそれを見ることで、寄附した人がそのコンテンツがどんなもので

あるのかなどの、感想を知ることができます。

利用者の良い感想は、どんな宣伝コピーよりも効果的です。そうなれば、さらに寄附者は増え、信用も上がっていきます。また、仮にマイナスの評価があっても、ユーザーの意見として、反映したり改良したりと次につなげていくことができます。マイナスの評価も、ユーザーから直接意見を聞く貴重な機会ととらえましょう。

ふるさと納税はテストマーケティングにも活用できる

山形県上山市は、山形県の東南部にある人口約3万人弱の市になります。市の中心は、開湯560年のかみのやま温泉駅。在来線だけでなく山形新幹線も停車します。

名産は、サクランボやブドウ、ラ・フランスをはじめ、かみのやま産ぶどうを使用したワインなどです。

そんな上山市には、1950年創業、社名を変更し、来年30周年を迎えるジャスト株式会社があります。あらゆるメッキ加工のプロ集団です。中でもダイヤモンド電着技術は、メッキ業界では他にない技術です。

2018年には、ダイヤモンド特殊電着技術・複合めっきによる機能性向上において、経済産業省、国土交通省、厚生労働省が隔年度開催で実施している「第7回ものづくり日本大賞　東北経済産業局長賞」受賞しました。

ジャスト株式会社は、これまで企業間取引で事業を行っていましたが、社長である岡崎淳一さんは、特殊な技術の良さと、日本のものづくりをもっと多くの人に知ってもらいたいという思いから、消費者向けの商品の開発を行いました。

消費者向け商品第1弾は、「クラフテム　セルフネイリスト」という携帯爪やすりを開発。表面に硬度の高いダイヤモンドをメッキすることで研削性を付与し、やさしい力でも簡単に爪を削ることができます。
ブランド名は、「CRAFT」、「ITEM」、「DREAM」をかけ合わせた造語で、「CRAFTEM（クラフテム）」。

この消費者向け商品が、くだものやワインが主な返礼品だった上山市の目に留まります。地元の高いものづくりの技術をふるさと納税のラインナップに入れたいと話があり、まず「クラフテム　セルフネイリスト」がふるさと納税に登録されました。

ふるさと納税に登録後、セルフネイリストは、返礼品の注文がコンスタントに入り続けます。多くの方に需要があると判断できました。そして、第2弾の「クラフテム　まろやかぐい呑み」というお猪口の開発を行いました。まろやかな飲み口と手に持った時の滑りにくさを実現しています。こちらもふるさと納税に登録され、現在は第3弾の開発・テストマーケティングを進めています。

消費者のニーズがどの程度あるのか、企業は商品開発中によくテストマーケティングを行います。ジャスト株式会社も社長が中心となり、SNS（主にFacebook）を使ったマーケティングも取り入れていました。そんな中で、ふるさと納税への登録も、消費者のニーズを分析するよい機会になったのだと思います。

あなたの商品が、受け入れられるのか、そうでないのか、どの世代に受け入れられるのか……など、知りたいと思いませんか？

多くの自治体が、ふるさと納税でテストマーケティングをしたい事業者を募っています。気軽な気持ちで、チャレンジしてみましょう。

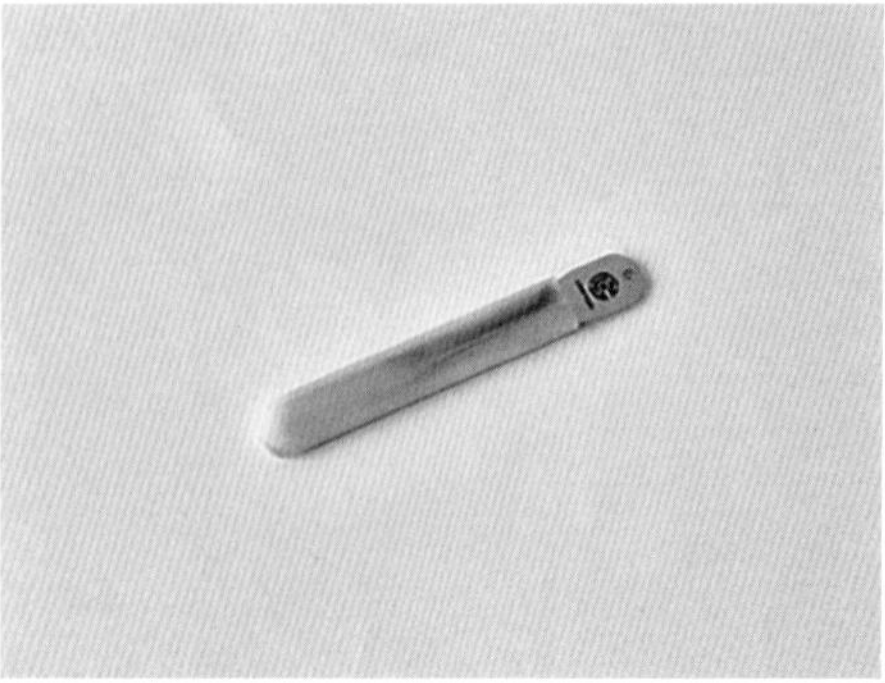

クラフテム　セルフネイリスト

クラフテム　まろやかぐい飲み

どうしたら
返礼品協力事業者に
なれる？

5章

返礼品協力事業者になり、実際に販売、提供するまでの流れ

1 事業計画の策定
↓
2 自治体とコンタクトを取る
↓
3 返礼品の審査と評価
↓

4 協定・契約の締結
→ 5 出品・プロモーション
→ 6 注文受付・配送体制の確立
→ 7 フィードバックの収集と改善

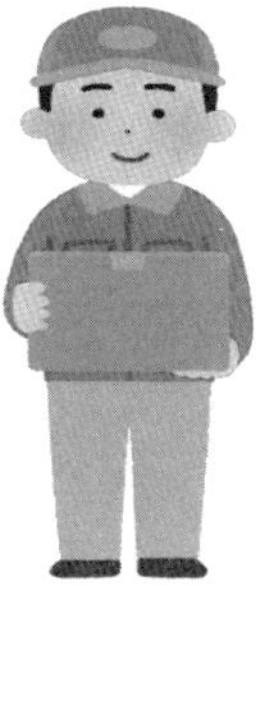

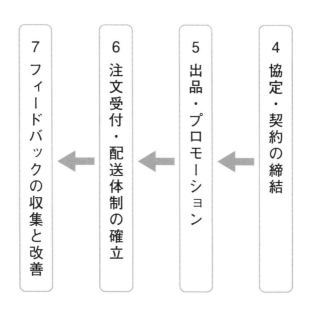

はじめに確認すること

登録したい自治体のホームページの中に記載されている「返礼品事業者の募集」についてのページに目を通します。ふるさと納税特設ページを作っている自治体もあります。またふるさと納税の運営は自治体に任されています。返礼品事業者になるまでの流れなど、大まかなことは同じですが、わからないことがあれば、各自治体に確認するようにしましょう。

公募要項や提出書類（申請書や誓約書）もダウンロードできるよう添付されている自治体もあります。とくに、

・概要
・対象となる事業者
・返礼品のルール

以上の3つは、必ず確認しておきましょう。

1 事業計画の策定

あなたがどんなものを返礼品にして、自治体（○○市）のためにどんなふうに売っていきたいのかなど、これからのビジョンを明確にしましょう。返礼品として、コストや期待される効果なども明確にし、事業計画書に記載しておきましょう。

この事業計画を明確にしておくと、自治体へ返礼品提供の提案がスムーズに進みます。

2 自治体とコンタクトを取る

事業計画書が作成できたら、自治体のふるさと納税担当の部署とコンタクトを取ります。そこで、事業計画書を提出し、返礼品提供の提案をします。あなたのふるさとに対する熱い思いも一緒に伝えましょう。自治体独自の定型の申請書などがあれば、それらの書類も揃えます。

このタイミングで自治体へ、税金の滞納がないかの調査に同意すること、反社会的勢力と関係ないという誓約の書類を提出する場合もあります。

3　返礼品の審査と評価

自治体が事業計画書をもとに、返礼品の審査を行います。主に地場産品であるのかどうかの確認ですが、製造している事業者であれば、製造現場に確認に行き、どのような工程を経て製造しているのかを確認します。

返礼品のルールの厳格化により、さらに自治体から総務省へ事業者のデータが送付され、問題がないのか、国から自治体に連絡が届きます。

最近、産地偽装の問題が出てきているので、国が全国一律に基準を厳格化して運用しています。

〈登録できる返礼品のルール〉

登録できる返礼品にもルールがあります。返礼品のルールは、各自治体によって定められています。全体としては、

・返礼品は、寄附金（納税額）の額の3割以下とする
・返礼品は、地場産品とすること（返礼品の主要な部分が生産されたもの）
・返礼品として、提供される商品やサービスが自治体のＰＲにつながること

地場産品かどうかの判断については、こんな決まりもあります。

・地域内で生産されたもの
・地域内で原材料の主要な部分が生産されたもの

・地域内で製造、加工その他の工程のうち主要な部分を行われ、付加価値が生じているもの
・地域内で生産されたものと、近隣の他自治体の地域で生産されたものが混在したもの（流通構造上、混在することが避けられない場合に限る）

これらは、自治体によって独自のルールを設けている場合があります。最終的には自治体に確認してください。

4 協定・契約の締結

ここで、多くの事業者は受託先の事業者（中間事業者）と契約します。その場合、お金のやり取りは、自治体と事業者の間では発生しません。サイト運営事業者以外にも中間業者として裏方の業務をする事業者はたくさんいます。自治体はそういった事業者に委託しています。

5 出品・プロモーション

いよいよ、販売開始です。

ふるさと納税の各種ポータルサイトや自治体のホームページなどで、返礼品が出品されます。自治体によって、掲載されるふるさと納税のポータルサイトは様々です。これらの出品にかかる費用は、自治体が負担します。

ふるさと納税の運営サイトは、特集（例えば、おせち特集、ハンバーグ特集、温泉地特集、一度の寄附で二回届くものなど）に合わせるなどして、効果的なＰＲをします。

自治体は、市外や町外の方に向けて、注文してくれた方に、ふるさと納税の使い道が記載されたお礼状を送付したりします。これは、ふるさと納税事業全体のＰＲと言えます。

返礼品の知名度向上のため、ポータルサイトのアップに合わせて、事業者自身もプロモーション活動を行います。事業者は、PRをする意味で、SNSで発信したり、店頭にチラシを貼ったり、できる限りのことをしましょう。

プロモーションは継続的に行いましょう。

6 注文受付・配送体制の確立

注文が入ると、注文が入ったことと、集荷日の連絡が中間事業者から事業者に入ります。事業者は指定された日に指定された商品を準備し、指定の配達業者に渡します。

お客様情報は、事業者に入りませんが、これも自治体によって違う場合があります。

大量の受注を見込んで多く生産しすぎたり、受注が集中して、生産・発送まで長い時間お待たせしたりしないよう、調整が難しい部分でもあります。

7 フィードバックの収集と改善

事業者は、ポータルサイト等に掲載されたレビューや直接事業者に入った電話やメールなどで返礼品の感想を知ります。お客様の声はありがたい情報です。サービスの質を向上させるための改善策を検討します。返礼品自体の改善もありますが、しっかりとした形で届けるまでが事業者の役割となるので、梱包の改善を検討することもあります。

これらを繰り返すことによって、継続的に販売し続けることができます。

販売までの流れは、うまくイメージできましたか？

大まかな流れを理解できたところで、実際に事業計画書（企画書）を作成してみましょう。

事業計画書　次のようなことを記載していればOK！

〇〇市ふるさと納税　返礼品　企画書　No1

（事業者情報）

・事業者名

・事業所所在地

・主な生産・製造・加工地

・担当者名

・電話番号・メールアドレス

・サイトURL（あれば記入する）

・通販事業実績（あれば記入する）

（返礼品情報）

・商品・サービス名

・内容量・企画

・商品・サービス説明

・提供価格・想定寄附額

・消費期限・賞味期限

・発注から発送までの日数

○○市ふるさと納税　返礼品　企画書　No2

・地場産品基準

・その根拠

・商品画像

・返礼品のPRについて

・備考

・その他

自治体は、ふるさと納税に大きな期待をしている

6章

ふるさと納税で、ふるさとが盛り上がる可能性が広がる

この章では、自治体の目線も含めて、お話ししていきたいと思います。

自治体の財源は、通常は市民や企業からの納税で成り立っています。ふるさと納税によって寄附金が集まると、ふるさとの税収が増えていきます。

よって、自治体の抱えている課題を解決したり、これまでの税収では取り組むことができなかったことが実現できる可能性もあります。

また、返礼品が注目され、メディアなどで注目されるようになると、ふるさとのPRにもなります。

ここでは、ふるさと納税の税収がどんなふうに使われてきたのか、ふるさと納税の活用事例について紹介します。事業者だけでなく、自治体のご担当者、自治体関

係の団体にも参考になるかと思います。

次ページの表のように、自治体は、子ども・子育て、教育・人づくり、地域・産業振興、災害支援・復興など、多くの選択可能分野ごとの納税受け入れを行っています。

使途として選択可能な分野ごとの受入額、受入件数、団体件数

選択可能分野	受入額	受入件数	該当団体
子ども・子育て	122,202百万円	6,742,349件	909団体
教育・人づくり	67,201百万円	3,454,007件	974団体
地域・産業振興	62,278百万円	3,522,311件	1,076団体
まちづくり・市民活動	49,761百万円	2,849,103件	866団体
環境・衛生	49,022百万円	2,596,875件	1,018団体
健康・医療・福祉	47,309百万円	2,528,192件	1,180団体
観光・交流・定住促進	28,328百万円	1,339,117件	707団体
スポーツ・文化振興	21,027百万円	924,075件	761団体
安心・安全・防災	17,493百万円	932,875件	634団体
災害支援・復興	4,484百万円	262,855件	239団体

※その他、上記の複数分野に跨るものや、寄附団体に一任するもの等がある。

出典：ふるさと納税に関する現況調査結果（令和５年度実施）
総務省自治税務局市町村税課

分野別ふるさと納税活用事例

右に掲載した表のように、自治体は選択可能分野ごとの納税受け入れを行っています。次からは、総務省「ふるさと納税活用事例集」（総務省平成30年3月30日発表）より抜粋したふるさと納税の活用事例を分野ごとにお伝えします。

【教育・子育て】

ふるさと納税で魅力ある農業学校づくり

北海道天塩《てしお》郡《ぐん》遠別《えんべつ》町《ちょう》

北海道天塩郡遠別町では、「まちづくり応援寄附金」としても使途を明確にしたふるさと納税の募集を行っています。

北海道遠別農業高校は、農業の未来を担う大切な高校ですが、入学者が減少していました。小さな町の高校の存続は、地方創生に向けた大きな仮題です。この状況を打破するため、「遠別農業高等学校の存続・活性化に関する事業」に特化した寄附を募りました。農業高校の加工品をふるさと納税のお礼品として取扱い、高校のPRを展開することで、入学者数が増加、道外からの入学者もあらわれました。

さらに、魅力的な学校づくりの一環として、ふるさと納税により費用を募り、ドローン実習の実施やタブレット端末を購入するなど、魅力ある学校づくりを推進することができました。こうした取り組みが「ふるさとチョイスアワード2019」において評価され、「未来を支える部門」で大賞を受賞しました。

返礼品には高校の授業で作ったもち米を使用した「遠別農業高校コラボ　肉巻きおにぎり」や「遠別農業高校ポストカードセット」などがあります。

取り組みの進捗状況については、ウェブサイト等に掲載するほか、札幌市内のアンテナショップでも情報発信されています。

【安全・復興】

熊本地震からの熊本城復旧に向けて
熊本県熊本市

日本は地震大国と言われていますが、震災の復興もまだまだ追いついていない状況です。寄附金は、震災や自然災害などの復興事業にも使われています。

平成28年の熊本地震においては、熊本城をはじめ市内の文化財、施設なども甚大な被害を受けました。

熊本地震からの復旧・復興に関するふるさと納税については、使い道を明確化し、6つのメニューから選択可能としたことで、熊本市では国内外から多くのふるさと納税の申し込みが得られました。

暮らしの再建や復興事業の推進に活用する「熊本地震復旧・復興寄附金」などのほか、熊本城の復旧・復元のへの寄附として「復興城主」制度が創設されました。

「復興城主」では、寄附者に対して、施設の無料入園や物産館での買い物特典つき「城主証」や、市内観光施設・協賛店で特典が受けられる「城主手形」を発行するとともに、デジタル芳名板に寄附者の氏名を登録しています。

この寄附金によって、〝奇跡の一本石垣〟と呼ばれた飯田丸五階櫓の倒壊防止のための緊急対策工事や櫓の解体保存、石垣の解体・積みなおしなどを行いました。また、2021年には天守閣の復旧が完了しました。

募集開始から継続して「復興城主」制度をPRした効果もあり、熊本城を訪れる観光客が被災前より増加し、町の活性化が実現しています。

【文化・歴史】

地域における、伝統芸能、文化の伝承
島根県江津市《ごうつし》

島根県江津市には、伝統芸能や伝統文化が多数存在しており、これらを守り、後

世に伝えていくための事業をふるさと納税の使い道として選択できるようにしています。

例えば、国の重要無形民俗文化財に指定されている大元神楽伝承のため、江津市が運営している大元神楽伝承館は、ふるさと納税により、展示している道具などの取り替えや模様替えを行うことができました。ふるさと納税をきっかけに街に訪れる方も含め、交流人口の拡大が期待されています。

また、市指定文化財に指定されている勝地半紙は、需要の減少などにより深刻な後継者不足にあります。そのため、技術の保存、普及等の活動に対し、助成を行い、後継者の育成を進めています。平成28年度は、製造施設の整備や紙すき体験の補助を実施しました。約50年前から使われている楮《こうぞ》を蒸し上げるための炉の移設・修復作業は、報道各社にも取り上げられるなど、ふるさと納税を契機に伝統的な技術の継承に向けた普及啓発活動が広がっています。今後、後継者育成につながることも期待されています。

【福祉】

タイガーマスク運動支援プロジェクト

群馬県前橋市

児童福祉の観点からユニークなふるさと納税を打ち出したのが、群馬県前橋市です。児童養護施設で育つ子どもは、原則18歳で退所しなければなりません。退所を控えた子どもは親等の援助が望めずに様々な不安を抱えています。こういった課題に対し、子どもたちの自立を経済的に支援するため、全国に巻き起こった運動に「タイガーマスク運動」があります。

前橋市では、この運動の先駆者のひとり、河村正剛氏（市内在住）とともに、平成29年3月、ふるさと納税を活用して社会全体で退所後の子どもを支えるプロジェクトをスタートしました。

児童養護施設を退所後、不安なく新生活をするために、国・県からの支援額ではまかなえない金額（ひとり当たり15万円※2020年度から20万円）をふるさと納税でまかなうこととし、さらに自動車運転免許取得の際の自己負担額を教習所との官民連携によりゼロとするなど、市内の児童養護施設などから社会へと巣立つ子どもたちのサポートを行っています。

初年度は、児童養護施設を退所する7名に対し、新生活準備支度金の支給を行いました。このことは、多くの報道機関で取り扱われ、多くの方が思いを寄せるとともに、ふるさと納税による社会貢献の仕組みを広く周知できる機会となりました。

さらに自動車運転免許取得の際の支援については、市内企業のCSR活動を組み合わせた支援であり、新しい課題の解決方式として注目されました。

このプロジェクトは、児童養護施設などから巣立つ子どもたちへ向けた支援のほか、教育や福祉など幅広い分野において、社会生活を送るうえで、支援が必要な子どもたちの暮らしを応援する取り組みにも活用されています。

【観光・交流】

歴史ある駅の再生とにぎわいの創出
滋賀県日野町

近江鉄道日野駅は、築100年を超える数少ない木造駅舎です。駅舎は老朽化が進み、解体が検討されていましたが、住民の「駅を100年先まで残したい」という思いから、平成28年に「近江鉄道日野駅再生プロジェクト」が開始されました。

プロジェクトの財源は、クラウドファンディング型のふるさと納税と日野町にご縁のある方や鉄道ファンからの寄附でまかない、平成29年1月に再生工事が開始。文化財的価値を損なわないよう忠実に修復、8月に町の交流の玄関として、歴史と思い出を残したまま駅舎が再生されました。

10月には、これまで寄附をいただいた方に事業の成果報告も兼ねて、竣工イベントが行われました。1日限りの復刻となった特別列車の招待状を送り、町内外から約2千人が参加。多くの人でにぎわいました。

また、駅舎の再生が完了後、新たな交流の場としてカフェスペースが併設されました。観光案内所を併設し、住民自らが運営に取り組んでいます。

このようなプロジェクトに関する一連の取り組みは、多くの報道機関で取り扱われ、日野町の良さを広く発信する機会となりました。

聖地巡礼を導く悠久の自然を守りたい
和歌山県田辺市

和歌山県田辺市には、世界文化遺産に登録された「熊野古道」があります。ふるさと納税の使い道として、熊野古道を恒久的に保存するための、「サンティアゴへの巡礼道」のあるスペインのサンティアゴ・デ・コンスポーラ市との連携事業、公衆トイレの整備、外国人観光客のための多言語道案内看板の設置等などにあてられています。

さらに、熊野古道周辺の森林を守るための基金も設置され、環境の整備・保持に努め、寄附をした方には、毎年観光パンフレットを送付するなどして関係を深め、毎年の寄附実績につなげています。

返礼品には、熊野古道のハゼの花から採取した、こだわり「天然100%はちみつ」やはちみつの入った「くまみつカステラ」などがあります。

【地域・産業振興】

引退した競走馬のセカンドキャリア支援
岡山県 吉備中央町

岡山県吉備中央町は、ＮＰＯ法人サラブリトレーニング・ジャパンと連携して、引退した競走馬のリ・トレーニングを応援するプロジェクトにふるさと納税を活用しました。

乗馬の普及・奨励に関する事業や馬との触れ合いを中心としたセラピーリゾート

事業を行っており、社会教育の推進及び社会福祉の増進、地域振興並びにスポーツの振興に貢献することを目的としています。

競走馬を引退した馬には30年近い余生があります。これまでその競走馬の引退後の環境をサポートする仕組みがありませんでした。競争馬は気性が荒い馬も多く、乗馬クラブなど、レース以外の場で活躍するには、特別な調教（リトレーニング）が必要になります。

また施設では見学会も開催され、馬との触れ合いの場が設けられています。現代人のストレスを解消するような町づくり「メンタルヘルスタウン構想」を掲げている吉備中央町。訪れた人にとって、心の癒しとなるよう、動物愛護の観点から、生きものに優しい町づくりを目指しています。

このプロジェクトの資金の多くは、ふるさと納税の寄附金によってまかなわれました。取り組みはSNSや動画サイト、ふるさと納税ポータルサイト等で発信されています。すでに173頭（2023年3月31日時点）を超える引退競走馬がリ・トレーニングを受け、乗馬倶楽部や観光乗馬、町おこし・伝統行事の継承などでセカンドキャリアをスタートさせています。

返礼品には、「トレーニング施設見学&記念グッズセット」などがあります。

【まちづくり・スポーツ】

文化芸術を活かした魅力あるまちづくり
大阪府　枚方市《ひらかたし》

大阪府枚方市では、ふるさと納税の寄附金で、優れた文化芸術に触れる機会を充実させ、市民が活発に文化活動を行うことができるよう、魅力的な環境づくりを目指しています。

そうした取り組みのひとつに、枚方市総合文化センターの整備があります。このための財源をふるさと納税で募集しています。そして、こうした文化芸術を活かしたまちづくりをPRするため、市長が枚方の文化を自ら案内する「市長がエスコート！　枚方市内の文化財見学ツアー」をふるさと納税の返礼品のひとつに登録しました。

そして市長がインターネットテレビに出演したり、大規模商業施設やスポーツイベントでのPRを行いました。

これは全国的にも珍しい企画ということもあり、多くのメディアにも取り上げられました。こういった体験型のイベントは、実際に枚方市の来訪者を増やし、枚方市の魅力を実際に感じてもらえるいい機会になっています。枚方市は、市の文化を理解し、愛着をもってもらうことで、観光集客と交流人口の増加につながっていくことを目指しています。

自治体は、インパクトがあるコンテンツを探すことに力を入れている

各自治体の取り組みをご覧になって、いかがだったでしょうか。どの活用事例においても、寄附の目的を明確にすることで、ふるさと納税の効果が出ていることがわかります。

自治体は、インパクトのあるコンテンツを探すことに力を入れています。コンテンツによっては、ふるさとが大きくクローズアップされ、町が盛り上がると知っているからです。

自治体によっては専門チームや地域おこし協力隊（※）が存在し、企業や生産者を発掘しています。

ここで、納税額の内訳を見ていきましょう。納税額のうち、50％は自治体へ、残

りは、返礼品、広告費、事務費になります。

※地域おこし協力隊とは

都市地域から過疎地域等の条件不利地域に住民票を異動し、地域ブランドや地場産品の開発・販売・ＰＲ等の地域おこし支援や、農林水産業への従事、住民支援などの「地域協力活動」を行いながら、その地域への定住・定着を図る取り組みです。

納税額の内訳

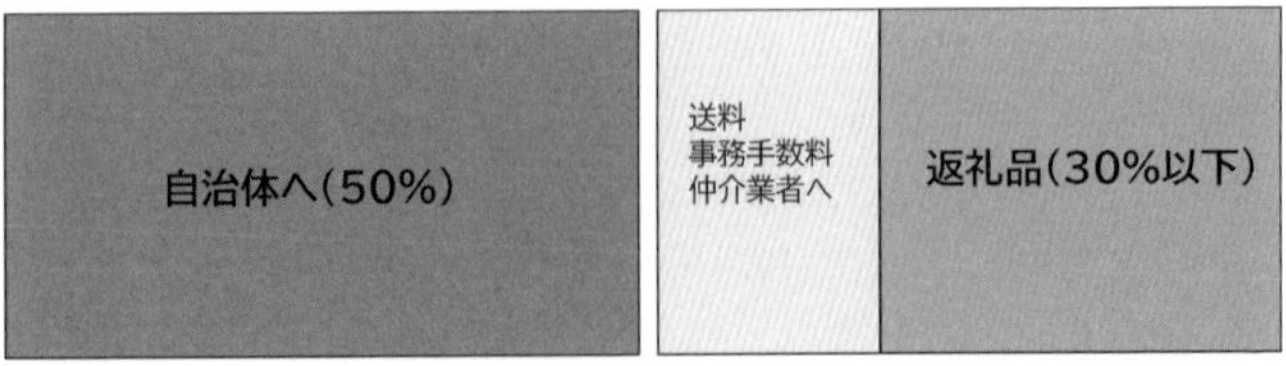

納税額の50％は税収になる最強利益率

寄附額が50倍に跳ね上がった返礼品の「魅せポイント」とは

魅力的な返礼品が増えてくる中、自治体も様々な方法で寄附者の目に留まるように努力しています。

ここでご紹介するのは、２０２２年度「ふるさと納税」の寄附額が全国１位、９年連続で１桁台の順位が続く都城市です。

都城市はどんな風にして人気のふるさとになれたのでしょうか。返礼品について、どんな工夫をしたのでしょうか。

その大躍進の秘密は、どこにあるのでしょうか。

令和４年度におけるふるさと納税受入額の多い20団体

（単位：百万円・件）

団体名		受入額	受入件数
宮崎県	都城市	19,593	1,004,337
北海道	紋別市	19,433	1,289,418
北海道	根室市	17,613	829,461
北海道	白糠町	14,834	926,034
大阪府	泉佐野市	13,772	923,581
佐賀県	上峰町	10,874	898,015
京都府	京都市	9,508	166,990
福岡県	飯塚市	9,086	780,190
山梨県	富士吉田市	8,806	344,161
福井県	敦賀市	8,749	501,071
静岡県	焼津市	7,574	475,221
北海道	別海町	6,943	478,927
兵庫県	加西市	6,361	167,320
愛知県	名古屋市	6,323	116,150
鹿児島県	志布志市	6,220	272,323
茨城県	境町	5,953	370,857
宮崎県	宮崎市	5,653	334,065
茨城県	守谷市	5,574	263,880
千葉県	勝浦市	5,534	438,273
新潟県	燕市	5,495	163,473

出典：ふるさと納税に関する現況調査結果（令和５年度実施）
総務省自治税務局市町村税課

・寄附額全国1位を達成した宮崎県都城市《みやこのじょうし》の取り組み

それまで都城市では、他の自治体と同じような地鶏やお茶など様々な地元の品を用意していました。

このままでは、他の自治体と差別化ができず、他の自治体に埋もれてしまうと思い切って決断したことは、返礼品を、「牛肉」と「焼酎」だけに絞ったことです。全国的な品評会で賞を獲得した宮崎牛と、全国的に知名度が高い地元メーカーが作る芋焼酎。「牛肉」と「焼酎」の2点でブランディングをしました。寄附者は、わかりやすさを求める傾向にあります。難解だとそれだけで敬遠されてしまいます。そして、品切れをなくす供給体制を作り、少額でも寄附ができる価格体制を取ることにしました。

大胆な戦略が功を奏して、ふるさと納税の寄附額増加という結果であらわれました。都城市のふるさと納税サイトで確認すると、平成25年受付件数が40件、寄附金額966万円だったものが、翌年は、寄附件数2万8千件、寄附金額が4億9千万になり、つまり、寄附額が50倍にはね上がったのです。「牛肉」と「焼酎」の街と全国にブランディングしたことで、都城市の知名度が上がり、他の商品も知ってもらうことができたのです。

集まった寄附金の使い道は、人口10万人以上の自治体では初めてとなる保育料の無償化、子どもの医療費の完全無料化など、子育て支援の財源に使われています。

都城市の事例は、今まで公平な住民サービスの提供が主だった自治体が、ふるさと納税によって、経営視点をもつことで、大成功をもたらした事例だと感じています。

もはや、自治体も運営することから経営するというターニングポイントを迎えているのかもしれません。

「ふるさと納税」自治体アンケート

自治体が現在取り組んでいること・今後取り組みたいこと

自治体が実際に取り組んでいることや、今後取り組みたいと思っていることを、アンケート形式で担当者に聞いてみました。

ご協力いただいたいくつかの自治体の回答を最後にご紹介します。ぜひ参考にしていただければと思います。

茨城県北相馬郡利根町《とねまち》

利根町データ　人口　1万4千人（2023年10月現在）

利根町は、茨城県の最南端に位置し、都心から40キロメートル圏内にあります。

南は利根川をはさんで千葉県我孫子市、印西市に接し、北は龍ケ崎市、東は河内町、西は取手市に接しています。

利根川の桜や利根親水公園の古代蓮など、四季折々の美しい景色を楽しむことができます。

民俗学者であり著作家の柳田國男が少年時代過ごしたとされる『柳田國男記念公苑』（旧小川家の母屋・資料館）があり、著作物や文書が展示されており、会議や宿泊施設として利用できます。

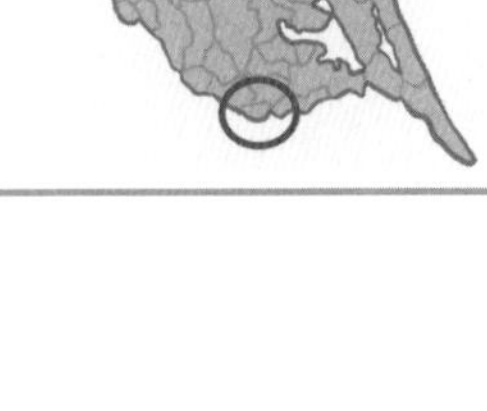

◆ふるさと納税で取り組んでいることや今後取り組みたいと思っていること

米どころとして知られる利根町のふるさと納税では、返礼品として生産者が心を込めて育てあげた美味しいお米や、県外にもファンの多い人気ベーカリーの手作りパンなど、自慢の地場産品を数多く取り揃えています。

ふるさと納税でいただいた寄附は、みんなが住みやすい安全なまちづくりや子育て、福祉施策のほか、毎年8月に開催される花火大会事業などに活用させていただいています。

また、ふるさと納税は、返礼品を提供されている事業者にとっても、宣伝効果や販路拡大という点においてメリットが多いと考えていますので、今後もより一層ふるさと納税制度を活用し、事業拡大につなげていただければと考えています。

現在も当町が誇る地場産品を返礼品として数多く登録していますが、今後もより一層、当町の地場産品を全国の方に知っていただけるよう、魅力的な返礼品を増やし、積極的な周知活動を行ってまいります。

愛媛県西条市

西条市データ　人口 10万5千 879人
（2022年11月1日現在　住民基本台帳人口）

愛媛県東部に位置する西条市。南は西日本最高峰の石鎚山があり、北は瀬戸内海に面しています。気候は温暖で、市内には、名水100選に選ばれている「うちぬき」と呼ばれる地下水の自噴井が3千本以上あると言われています。豊かな自然環境と、由緒ある寺や名湯といった魅力的な観光資源に恵まれています。

西条市は、日本一の生産量を誇るはだか麦やあたご柿、春の七草、ほうれん草、みかんなど、多種多様な農作物の一大産地です。石鎚神社の周辺で生産されている「だんみかん」は高みかんとして知られています。

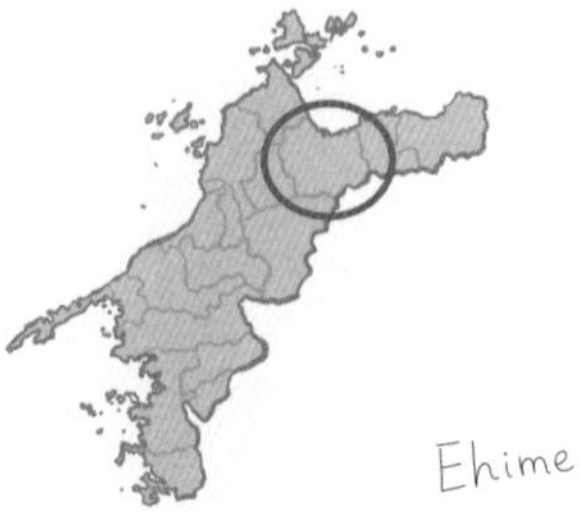

◆ふるさと納税で取り組んでいることや今後取り組みたいと思っていること

西条市では、人口減少・少子高齢化が進行しており、地方自治体を取り巻く情勢は厳しくなっています。ふるさと納税でいただいた寄附を活用し、持続可能なまちづくりに取り組みたいです。また、西条市に寄附いただくことで、市内事業者の新たな販路拡大につなげるとともに、西条市の魅力を発信し、西条市を知っていただくきっかけになればと考えています。

新規事業者の獲得や、返礼品の開発を行うとともに、西条市産品を知っていただくために、ＳＮＳを活用した情報発信に取り組んでいます。西条市には、様々な魅力ある返礼品が生産、製造されているので、西条市を知っていただき、応援していただける自治体を目指したいと考えています。

青森県南津軽郡大鰐町《おおわにまち》

大鰐町データ　人口　８５００人（2023年9月現在）

青森県津軽地方の南端に位置する大鰐町は、豊かな自然と緑に恵まれ、津軽の奥座敷として四季折々の美しさを満喫させてくれます。開湯８００年以上の歴史の古い温泉を有し、湯治場として長く利用されてきました。平川の清流沿いには、近代的な宿と昔ながらの公衆浴場が軒を並べ、湯の町の情緒を漂わせています。

あじゃら山の麓で育った大鰐高原りんごとトマトは、寒暖差で実が引き締まり、甘みが凝縮されています。また町に古くから伝わる伝統の冬野菜である大鰐温泉もやしなど、農業が盛んです。全国大会も開催される県内トップクラスのスキー場を有し、夏場のスポーツ施設も充実し、オールシーズン楽しむことができます。

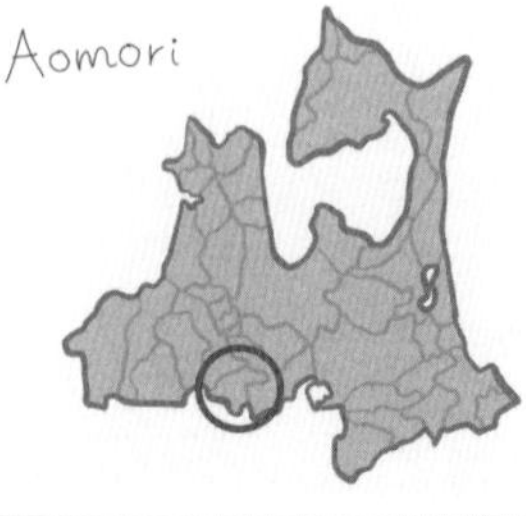

◆ふるさと納税で取り組んでいることや今後取り組みたいと思っていること

・自治体の特産品や観光資源を知ってもらい、地域経済の活性化や観光客の増加を目指すこと。
・地域の特産品をPRし、地域産業の発展につなげること。
・自治体に興味を持ち、関係人口や移住希望者が増えること。
・税収が確保できることにより、活性化に資する事業の財源として見込めること等が期待できる。

寄附いただいた方に対し、年賀、暑中見舞いハガキを送り、きめ細やかな対応やコミュニケーションを大切にすることで寄附を促進し、長期的な支援をいただける可能性が高まります。

温泉、スキー、パラグライダーなど体験型コンテンツが豊富であるため、今後返礼品として商品化できればと思います。

茨城県行方市《なめがたし》

行方市データ　人口 3万 2174人
（2023年10月現在）住民基本台帳人口

茨城県の東南部に位置し、東は北浦、西は霞ケ浦（西浦）に接する美しい自然景観を有しています。

基幹産業は農業で、温暖な気候と豊かな大地を生かし、年間を通して80品目以上の農作物が生産されています。とくにサツマイモは「日本農業賞大賞」、「農林水産祭天皇杯」を受賞するほか、「行方かんしょ」として地理的表示保護制度（GI）に登録されるなど、産地としてのさらなる発展が期待されています。

また「霞ケ浦の帆引網漁の技術」が国の記録作成等の措置を講ずべき無形の民俗文化財に、市指定史跡「三昧塚古墳」の出土品が国指定重要文化財に指定されるなど、その歴史的な価値が認められています。

◆ふるさと納税で取り組んでいることや今後取り組みたいと思っていること

ふるさと納税を通して、当市の魅力である、おいしく、豊富な食材に触れていただき、これまで行方市をまったく知らなかった人へのPR効果を期待しております。お試し感覚で選んだ返礼品であっても、おいしさを知っていただくことで、「他の食品も食べてみたい」と今後リピーターにつながる可能性があります。そのようにして、寄附額を伸ばし、さらにより良い返礼品の開発に力を入れることで、また次の寄附につながるような循環が生まれてほしいです。

これまで以上に寄附額を伸ばすため、今後は定期便のラインナップの増加や、新たな体験型返礼品の追加にますます力を入れていこうと考えております。

和歌山県橋本市

橋本市データ　人口　5万9千人（2023年9月）

橋本市は和歌山県の北東に位置する町です。かつては、高野山の膝元の宿場町として栄えてきました。こうした歴史を物語るかのように、市内には街道沿いの道標や高野参詣関係資料、仏像など数多くの文化財が残されています。市内の「黒河道」は、霊峰高野山への参詣道として世界文化遺産「紀伊山地の霊場と参詣道」の一部となっています。また、ヘラブナ釣り専用の竿「紀州へら竿」は日本国内シェアの90%を誇り、和歌山県の伝統工芸品第一号にも指定されています。

温暖な気候と紀の川の恵みを活かして、柿やぶどう・卵などの特産品があります。古くから農業とともに養蚕や繊維業も発展しており、現在では全国でもトップの生産シェアを誇る「パイル織物」もあります。

◆ふるさと納税で取り組んでいることや今後取り組みたいと思っていること

ふるさと納税は、税収の確保で重要なのはもちろんですが、産品プロモーションにおいても大変大事な取り組みで、ふるさと納税を通じて、本市産品の魅力発信と販路開拓につながっています。今後も継続して活用することで、本市産品のファンになっていただき、その関係がより深く継続することで、橋本市のファン、関係人口、交流人口の創出につながることを期待しています。

他自治体の返礼品を登録する共通返礼品制度を多くの自治体が採用していますが、本市では、以前より共通返礼品を採用していません。今後も引き続き本市の地場産品に限定した登録、魅力発信を行うことで、橋本市産品及び橋本市のファンづくりに直接つなげたいと考えています。

また、寄附を活用した事業のPRを強化することで、橋本市の発展への貢献をより実感いただけるようにしたいと考えています。

橋本市では地場産品をより多くの消費者に届けることでファンづくりにつながる取り組みとして、ふるさと納税以外にも、産直市場、市内店舗、インターネットで本市産品を購入しお届けする際の送料を市が負担する「橋本ふるさと便」の事業に取り組んでいます。農産物は令和2年度から開始しており、商工製品についても令和5年度から実施しています。

自治体の生の声、いかがだったでしょうか。これらを読むと、自治体も、寄附者を増やしていくために、様々な努力をしていることがわかります。

以前、テレビを見ていると、石川県では、役所にふるさと納税の券売機があることがニュースになっていました。まず、券売機でチケットを購入、役所内にある店で返礼品と交換できるそうです。

自治体の方も参考にしていただければと思います。

6章

自治体は、ふるさと納税に大きな期待をしている

おわりに

この本を最後まで読んでいただき、ありがとうございました。

本文で何度もお伝えしていますが、ふるさと納税は、寄附者、事業者、自治体三者すべてにメリットがある素晴らしい仕組みです。

この原稿の推敲中に、能登半島の震災が起こりました。被災した方々が大変な思いをされているなか、2日後には早くも、ふるさと納税を通じて被災地支援に寄附できる仕組みが、各ポータルサイトで順次始まりました。

納税者は、簡単・確実に、素早く支援ができます。これも「ふるさと納税」の仕組みがあればこそです。

ここ数年、日本の経済は大きく変化しています。事業者の方は、予想もしなかった事態に頭を悩ませていらっしゃるかもしれません。

しかし、そんな事業者も返礼品事業者になることで、希望の光が見えるのではないかと感じています。自治体の皆様もふるさと納税でもっと地域拡大の可能性を感じていただけるのではないでしょうか。

あなたが思いついたひとつのアイデアが、あなたの関わるステークホルダーと共に考えアイデアが磨かれ、光り輝くコンテンツが生まれます。

光り輝くコンテンツが日本全国へ発信され、大きな脚光を浴びるステップの第一歩をこれから歩んでいきましょう！

私も、本来の経済活動と並行しながら、ふるさと納税の返礼品事業者をサポートし、皆様と一緒に日本の経済を盛り上げていきたいと考えています。

共にこれから希望にあふれる未来を創りましょう。

この本を通して、ますます皆様の事業が発展することを願っております。

最後に、この本に関わったすべての方に厚く御礼を申し上げます。防災シェルターを設計時にお世話になった防衛大学の別府教授には、その後も貴重なデータをいただくなど、現在もお力添えをいただいています。この場をお借りして、御礼申し上げます。

協力していただいた自治体・協力事業者

自治体（あいうえお順）

青森県南津軽郡大鰐町
茨城県利根町
茨城県行方市
愛媛県西条町
和歌山県橋本市

協力事業者（あいうえお順）

合同会社阿部商店様
株式会社大館工芸社様
ジャスト株式会社様
シティプロモーション自治体等連絡協議会様
株式会社ヒダカラ様

最強ふるさと納税返礼品協力事業者

川口篤史（かわぐちあつし）

栃木県在住。ふるさと納税返礼品アドバイザー
（株）未来を創る 代表取締役 （株）川口鉄筋建設 取締役会長
放送大学教養学部選科履修 在学中
自身が創業した建設業で20年以上順調に売上げを伸ばす。
培ってきた技術を、社会に役立つための技術力を提供したいと考え、新規に法人を設立。災害や有事の際に避難ができる鉄筋コンクリート製防災シェルターを開発する。
開発したシェルターがふるさと納税返礼品に登録され、全国で最高額の１億円を達成（2023年11月現在）、大きな話題となる。
現在は、地方事業者の活性化や学生に向けた起業家精神の育成、自治体の知名度向上のために講演会を実施するなど、様々な活動を行っている。

魅《み》せる! ふるさと納税《のうぜい》 返礼品《へんれいひん》でPR《ピーアール》せよ

2024年2月27日　初版第1刷

著者　川口篤史《かわぐちあつし》
発行人　松崎義行
発行　みらいパブリッシング
〒166-0003 東京都杉並区高円寺南4-26-12 福丸ビル6F
TEL 03-5913-8611　FAX 03-5913-8011
https://miraipub.jp　mail：info@miraipub.jp

企画協力　Jディスカヴァー
編集　小根山友紀子
ブックデザイン　則武 弥（paperback Inc.）
発売　星雲社（共同出版社・流通責任出版社）
〒112-0005 東京都文京区水道 1-3-30
TEL 03-3868-3275　FAX 03-3868-6588
印刷・製本　株式会社上野印刷所

ISBN978-4-434-33545-7 C0034

※本冊子内の情報は、2023年11月現在のものです。